改变，从阅读开始

大汗之怒

元朝征伐日本小史

周思成 著

山西出版传媒集团
山西人民出版社

镰仓武士的日常娱乐：笠悬。(《男衾三郎绘词》)

第二次东征战争,竹崎季长登上敌船,将元朝士兵按倒割取首级。(《蒙古袭来绘词》)

骑马引弓的镰仓武士：白石通泰的军队。(《蒙古袭来绘词》)

博多阵中的日本军前线总指挥少弐景资。(《蒙古袭来绘词》)

在赤坂列阵的元朝东征军。(《蒙古袭来绘词》)

竹崎季长负伤坠马。(《蒙古袭来绘词》)

在甘绳的安达府邸,竹崎季长苦苦争取恩赏。(《蒙古袭来绘词》)

博多湾石筑地后方待命的九州御家人。(《蒙古袭来绘词》)

日本军士兵出发袭击志贺岛的元朝船营。(《蒙古袭来绘词》)

在鹰岛驻泊的元朝东征军。(《蒙古袭来绘词》)

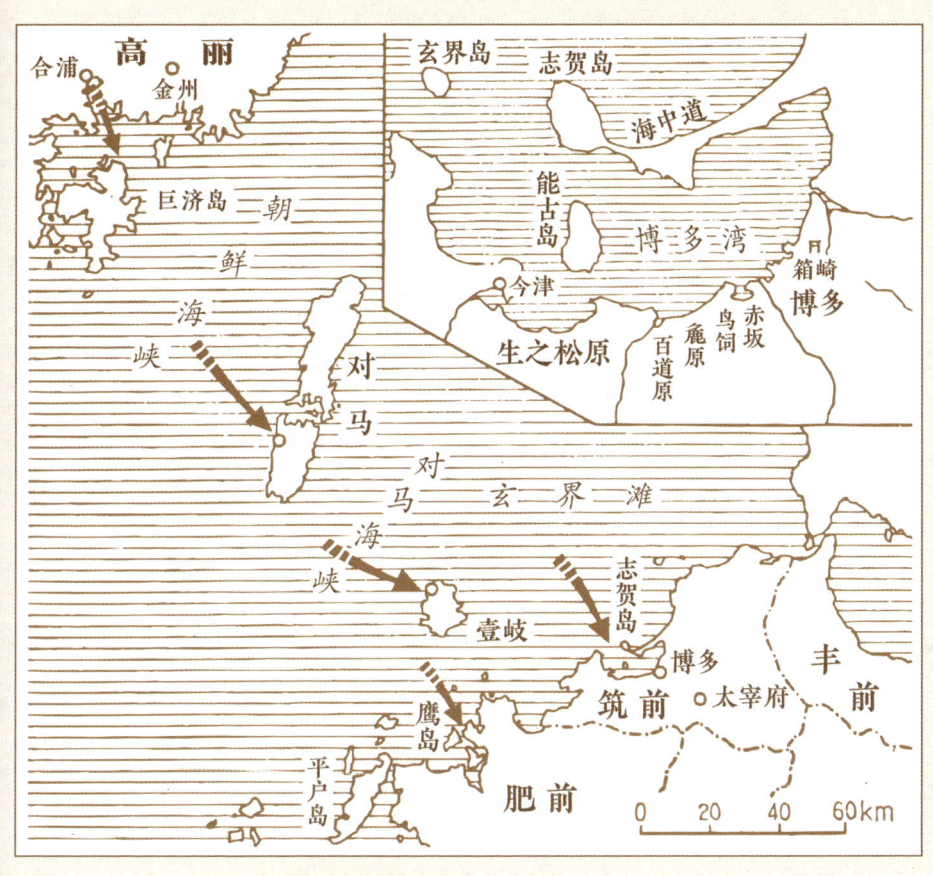

元朝第一次东征战争(1274年)图示

(根据田村实造编集《東洋の歴史 7:大モンゴル帝国》,人物往来社,1967年)

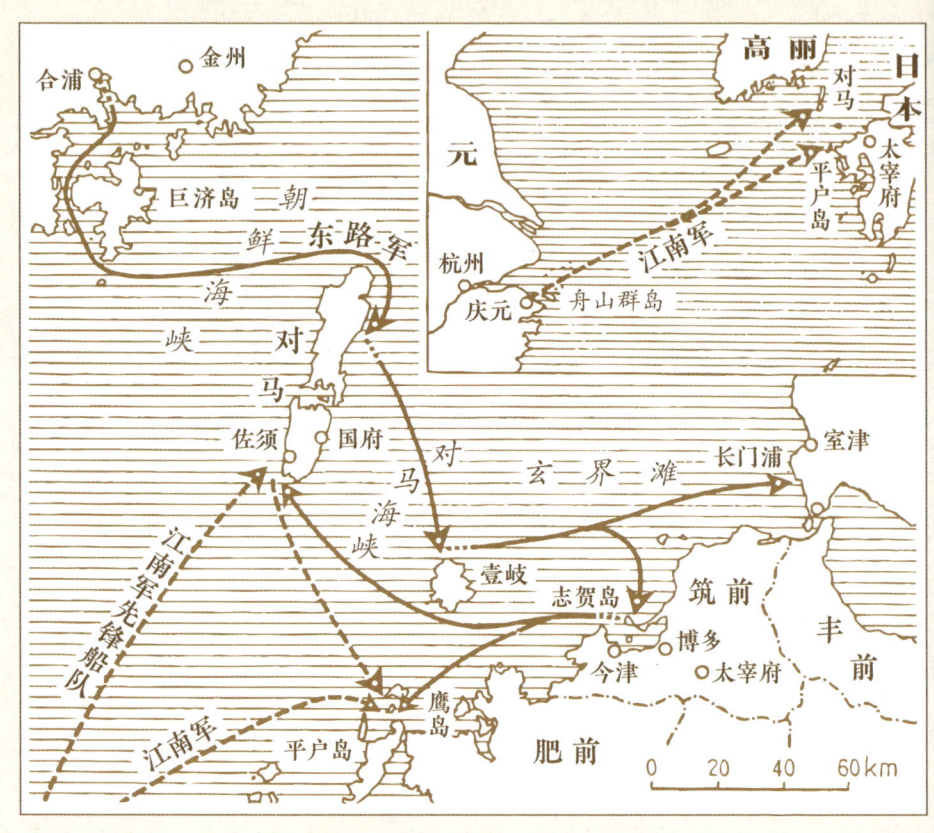

元朝第二次东征战争（1281年）图示

（根据田村実造编集《東洋の歷史 7：大モンゴル帝国》，人物往来社，1967年）

祇园精舍之钟声,
奏诸行无常之响。
娑罗双树之花色,
显盛者必衰之理。
骄奢者岂得长久,
仿佛春宵一梦。
强梁者终遭殄灭,
恰如风中之尘。
——《平家物语》

"盖鞑人专求马蹄实路,又使命临发草地。

楚材说与大使:你们只恃着大江。

我朝马蹄所至,天上天上去,海里海里去!"

——《黑鞑事略》

自　序

鲁迅先生回忆，晚清留日的中国学生"因为恨日本，便神往于大元"，常常太息流涕："那时倘非天幸，这岛国早被我们灭掉了！"（《坟·说胡须》）他们说的就是元世祖忽必烈发动的两次东征日本之役。所谓"天幸"，自然是那场让无数元朝官兵葬身海底的"神风"。

说到忽必烈东征日本，有两个问题最能引起我的兴趣：第一，元朝未能征服日本，仅仅是因为"天幸"从中作梗，或者说，无非是给"天气改变历史"这个冷冰冰的命题提供又一个注脚吗？这是个史事方面的问题。第二，现代中国的民族主义对元日之战怀有一种爱恨交织的复杂感情，爱它的原因也许很多：这是一次历史上不多见的大型对外战争，其对象绝非如今地图上踪迹全无的什么南蛮北狄，而是与中国有着千年恩怨纠葛的现代民族国家的前身；这场战争还是一次盛大的实力宣示（muscle-flexing），用鲁迅先生的话说，那是"我们"显得比较阔气的时代（《且介亭杂文·随便翻翻》）；舰队最后没于风涛，似乎又比垓下的西楚霸王更有理由将失败归结为天意，"非战之罪也！"

恨它的原因却有些微妙：大概这仗打得虎头蛇尾，惨淡收场，不甚光彩，又或者因为学界喜欢归入"征服王朝""内亚边疆帝国"或"多元型帝国"的"大元"，比起传统的秦汉帝国来，还不够"我们"？这是个评判方面的问题。

思考归思考，困惑归困惑，我实未获得机缘来一探究竟。直到去岁秋杪，在通读元初文人王恽的文集的时候，我偶然遇到了一篇题为《泛海小录》的文章。王恽大概与亲历第二次东征战争的人士有过接触，这篇短文不足600字，却仔细记录了元朝大军的途经岛屿和航海里程，赞叹于茫茫大海中央远眺传说中的"三神山"，得见"群峰环绕""郁然为碧芙蓉"的奇景，惊讶日本武士多用黄金珠琲装饰甲胄，"视死不畏"，颂扬本朝官兵孤军奋战，"呼声勇气，海山震荡"，叹惋这次"出师之盛"远迈汉唐，离胜利仅一步之遥，最终却船毁人亡，惨淡收场。这篇日本战纪，自然不是我首先发现的，我也不是第一次读到它，但在那一特定的时空中，作者落笔之际的种种情绪起伏，他的好奇心，他的骄傲、惋惜、忧伤，仿佛也感染了我。兹后，我着手系统阅读相关的史料和论著，希望深入和全面地了解这两场奇特的战争。

搜集和整理元日战争的原始资料并加以研究，主要工作是由日本学者完成的。据说，这两场战争是日本近代以前最大规模的"国土保卫战"，成为日本国民津津乐道的话题，毫不奇怪。若非史料委实太少（用某西方学者的话说，是"surprisingly few"），我疑心，以日本民族的热情，说不定能够将之发扬光大成"敦煌学""吐鲁番学"意义上的什么"元寇学"或"蒙古袭来学"之类。自19世纪末迄今,日本出版了大量以"元寇"或"蒙古袭来"为题的学术论文和著作,这些论著又衍生出林林总总的通俗读物、小说、漫画和影视剧。遗憾的是,这些日文论著,国内仅有少数大学和公共图书馆入藏,普通读者不易寻觅。

管见所及,日文论著中当然不乏一些学术价值很高的作品,不过,有的作者受"皇国史观"的影响,立论偏颇,有的详于考证,烦琐曲折。时代愈往后,参差不齐、泥沙俱下的情况也愈明显。许多晚近问世的作品,不论就史料或就史论言之,与池内宏等前辈学人的旧作相比,罕见超越之处,既未能适时吸收中国学者考订元日史事的最新成果,更不善于重新发掘和利用元朝一方的记载。这种现象,或许从一个侧面说明,"元寇"作为学术话题,在日本已经发展得过分成熟,今人只剩下饾饤补缀的工作可做,否则只有绞尽脑汁,在叙事和表现形式上翻出些花样。在众多日文作品中,山口修的《蒙古袭来》(桃源社,1979年)考证笃实,叙事晓畅,我推荐给有兴趣且能够阅读日文的读者。

国内关于元史、中日关系史和日本中世史的中文出版物和学位论文,多少也涉及元朝两次东征日本的历史。不过,这种略存梗概、面目相似的介绍,读起来总觉大不过瘾。腊六丸(李杰)先生的《忽必烈用兵日本》(作家出版社,2012年),以演义小说笔调铺叙这段历史,嬉笑怒骂,虽然有欠严谨,还是提供了高丽和日本国内情事的不少细节,大瑜大瑕,不能互掩。在为数不多的学术论著中,王启宗先生的系列论文对主要史料做了搜集、比次和移译,乌云高娃女士详细梳理了元朝与高丽的关系，王颋先生、于磊先生对元日战争相关史事做了补充考订。本书的写作尤其得益于王启宗等前辈学者的专门研究。

不过，迄今出版的这一题材的所有作品，仍然没有一本能够提供我——作为普通的中国读者，也作为中国历史研究者——渴望了解、讨论和展现的全部重要问题和细节。"小史"之作，乃是以严肃的史学态度，重新考证和发掘相关史料和史事，融会诸家之说，而以己意折中之，并以较为浅近的叙述、悉心斟酌的结构布局，向普通读者和历史研究者描绘笔者心目中的元日战争图景。

这本小书与我的博士学位论文同时动笔，也几乎同时完成，可算我博士论文写作之余的娱乐消遣。说起来，我对本书投入的兴趣、感情和精力还要多过前者。由此得到的回报也是极丰厚的，在枯燥的论文写作期间，得以身居"魏阙之下"而思接千载，时时神游于合浦、对马、博多和镰仓的"江海之上"，乐莫大焉。我的博士生指导教师、北京大学历史学系主任张帆教授，在学位论文尚未见一字的情形下，慨然允许我开辟"第二战场"，又于百忙之中垂阅全稿。国家图书馆国家古籍保护中心的郑小悠博士，将我引荐给汉唐阳光的出版人尚红科先生。他们的鼓励和指导始终伴随着我，直至本书完成，感激之情，难以言表。众多同门和好友，也为我写作遇到的各类问题答疑解惑，裨益良多，特致谢忱！书中如有疏漏和错误，实因笔者学识谫陋所致，恳请读者批评指正！

周思成
2018年10月17日于家中

目 录

引　子　鼙鼓声来 / 001

第一章　新朝大元，老皇忽必烈 / 007

　　　　一、"圣诞节"的汉式朝仪 / 007

　　　　二、在兄长蒙哥的阴影下 / 009

　　　　三、意外的崛起 / 013

　　　　四、从蒙古到大元 / 018

第二章　蒙古帝国的野心与黄金之国日本 / 024

　　　　一、蒙古的野心 / 024

　　　　二、是"国书"还是"臣服诏书"？ / 026

　　　　三、"合法性欠缺综合征" / 032

　　　　四、遍地黄金宝珠的"Zipangu" / 035

第三章　对手和帮手 / 040

　　　　一、两个11岁的箭术高手 / 040

二、"上首功"的武士国　/ 044

　　三、高丽的亲家和驸马爷　/ 049

　　四、东征军驻高丽前进基地　/ 054

第四章　没有硝烟的战场　/ 059

　　一、赵良弼的最后心愿　/ 059

　　二、海边的闹剧　/ 062

　　三、李藏用导演戏中戏　/ 065

　　四、大间谍登场　/ 069

　　五、上智为间　/ 073

第五章　隔海的较量　/ 078

　　一、大黑天神对阵"二十二社"　/ 078

　　二、七拼八凑的东征军　/ 081

　　三、诸公碌碌皆余子　/ 084

　　四、北条执权的攘外与安内　/ 088

　　五、"散地，吾将一其志"　/ 094

第六章　D日：喋血博多湾　/ 098

　　一、目标：九州太宰府　/ 098

　　二、万樯千帆入博多　/ 101

　　三、邂逅东亚的"马穆鲁克"　/ 105

　　四、第一印象　/ 109

　　五、日落前的血战　/ 115

六、"流将公"中箭 /118

第七章 "文永之役"三大疑案 /122

一、"矢尽而还"？ /122

二、忽必烈的"秘密武器"？ /125

三、败了？胜了？ /130

第八章 天边的风暴 /134

一、龙口惨案 /134

二、有人枕戈待旦 /138

三、有人实力暴涨 /142

四、得志的武士 /149

五、孤独的先知 /151

第九章 东路军的困境 /156

一、"八二六会议"与新战争计划 /156

二、不祥之兆初现 /160

三、东路军抢登志贺岛 /164

四、狭路相逢海中道 /167

五、突袭长门，退守壹岐 /170

第十章 "一风扫荡蛮烟" /174

一、史上最大规模舰队与最糟糕指挥官？ /174

二、状况迭出的平户会师 /178

  三、至暗时刻　/ 183

  四、"起风了，要努力活下去！"　/ 188

  五、落幕时分　/ 192

  六、逝者与还者　/ 197

终　章　大元帝国的"奥古斯都门槛"　/ 201

  一、"大业"未竟　/ 201

  二、天机与民意　/ 205

  三、失败原因　/ 208

  四、"以秦灭秦"　/ 212

本书大事年表　/ 216

参考文献　/ 224

引子　鼙鼓声来

1281年（元至元十八年，日本弘安四年）农历六月初的一个午后，日本镰仓，北条时宗御所。

时已入夏，淅沥连日的小雨刚刚止歇，从海上吹来微风，裹挟着丝丝凉意，从廊下透入竹帘，直达北条御所的正厅，又同那里迸发出的阵阵肃杀的乐声汇流一处，令坐在厅上和廊下的一众宾客不禁汗毛直竖。

正厅中央，身着红色狩衣的舞者，戴着一张狰狞的青铜假面，在一群黑衣舞者的簇拥下，踏着铿锵的乐声指麾击刺。

这场乐舞名为《陵王》，表现的是北齐兰陵王高长恭的显赫武功。据说长恭"才武而貌美"，所以临阵之际常戴着面具杀敌，勇冠三军，"武士歌之，为兰陵王入阵曲"。在镰仓时代，《陵王》是著名的"唐乐"，乐师和舞者，都是专程从京都请来的。很难想到，这场煞费周章安排的表演，只是为了取悦在座的一位中国僧人：建长寺住持无学祖元。

清癯的老和尚，身着素布单衣，仿佛浑然感觉不到让满座宾客动容的寒意。随着阵阵胡笳和金鼓的杀伐之声，老和尚的思绪早已飘回了5年前，他避难宋国温州能仁寺的那个初夏。

1276年（至元十三年）初，元朝大将伯颜已经兵不血刃地拿下了南宋的国都临安。传说，元朝大军驻扎在江边等待受降之际，南宋的太皇太后曾向海神祈祷，指望钱塘江大潮把这些北方野蛮人都冲走："海若有灵，当使波涛大作，一洗而空之。"可惜，潮汐居然比平时晚了三日，"军马晏然"（陶宗仪《南村辍耕录》卷1《浙江潮》）。在当时大多数人看来，大宋的气运已尽，已经是不争的事实。

不过，也有不少人并不这样想。于是，这年春天，元军只好又大举南下，消灭浙东与福建等地负隅顽抗的南宋残余势力。大军横扫"温、台、衢、婺、处、明、越及闽中诸郡"，所过残破。无学祖元寄居的能仁寺，虽僻处雁荡群山深处，也不可能独为一方乐郊。

那天，守着山门的小沙弥自山下小镇的亲戚家归来，惊魂甫定，诉说起连日来的经历：两日前，忽然冒出铁骑数百，在镇外的石桥附近徘徊。镇子里的百姓以为是前线败退下来的溃军，不但不害怕，反而扶老携幼前往观瞻。然而，日暮时分，镇上几个无赖剽悍之徒在巷子口逮住一名陌生面孔的探子，一问之下，才知道外面的军队是鞑子。第二天，铁骑从四面八方冲入镇子，绝望的百姓或持梃肉搏，或以桌椅拦截街巷，怯懦者自缢梁上，或举家自焚，一时间，镇子上空烟炎四起。说到这里，小沙弥结结巴巴补充说："听闻大兵不日就要入山搜寻哩！"

片刻之间，合寺僧侣作鸟兽散。住在后院的祖元和尚是个外来户，当他做完功课上前殿转悠的时候，发现庙里已经空无一人，后厨也是釜甑狼藉，粒米皆无。和尚既然没有本地亲戚可以投靠藏匿，只好"兀坐堂中"，听候元朝大兵的处分。

他的"行状"作者静照如是描述当时的紧张气氛：元军士兵"以刃加颈"，高僧"怡然"不顾，随口吟诵了一首颂词，表示直面生死的坦然。这首颂词后来在日本广为流传，被称为"临刃颂"：

乾坤无地卓孤筇，喜得人空法亦空。
珍重大元三尺剑，电光影里斩春风。

和尚又为众军士讲述佛法，感化他们"悔谢作礼"而去。后来，祖元的徒弟慧广请了元朝翰林揭傒斯撰写《佛光禅师塔铭》。在揭翰林的笔下，这段故事被渲染得更富传奇色彩："天兵忽临，白刃交师颈，师坚坐说法不顾，众敛兵作礼而去"。

祖元和尚十分幸运，因为蒙古帝国的军队绝非总是如此彬彬有礼。他们在中亚城市的屠杀，让志费尼这样的史学家连连感叹：传闻简直无法相信，所以数字也不敢记下来。志费尼和宏达迷尔还说，成吉思汗军队在攻陷中亚城市忒尔迷（今乌兹别克斯坦帖尔梅兹）后，抓住一个老妇人，老人哭喊着对士兵讨饶："军爷饶命，小人有一颗大珍珠献上！"当士兵索要珍珠的时候，她说："珠子被小人吞下肚了。"蒙古兵剖开老妇的肚子，果然找出了好几颗珍珠。结果,蒙古兵只要见到尸体和俘虏,就下手剖腹取珠(志费尼《世界征服者史》)。[1]

那天的情况,有些不太一样。大概"天兵"们琢磨,萧萧寒寺,仅有的细软或许早就被逃走的和尚们席卷一空,杀人无益;或者,当年带队搜山的那名百户清楚,和尚、道士和算命先生之流,不能随便杀。他记得,朝廷下发的文告里说得明白:"前代圣贤之后,高尚儒、医、僧、道、卜筮,通晓天文历数,并山林隐逸名士,仰所在官司,具以名闻。"(忽必烈《平定江南诏书》)又或者,闯入山门的恰好是董文炳的部队——董氏是金末北方战乱中幸存下来的少数军阀之一,家风谦慎,部队纪律不错。董文炳当时率军南下浙东和闽中,《元史》中他的传记就写了不少好话,一说他严禁部下践踏路边的庄稼,把南方老百姓感动得"不忍以兵相向";一说他阻止了南宋守将火烧温州城,福建人感恩戴德,"庙而祀之"。当然,事实可能就是祖元的传记作者希望传达的那样:即使在最黑暗的时刻,只要有适当的机缘,人性中善的种子,依然可以发出微弱、坚定,因而动人的光明。

不管怎么样,无学祖元逃过一劫。但是,"大元三尺剑"显然也斩断了他对故土的最后一丝眷恋。

一年后,有人自日本国捎来"平将军"[2]的书信,延请他赴

---

[1] 约瑟福斯的《犹太战争史》描述提图斯的罗马军队洗劫耶路撒冷时,也讲过类似的故事。
[2] 即北条时宗,北条氏自称出自日本古老的平氏家族,即桓武天皇后裔。

日出任建长寺的住持。建长寺全称"巨福山建长兴国禅寺",位于今天神奈川县镰仓市内,开山祖也是宋朝禅僧兰溪道隆(四川人)。当时,日本和中国的佛教文化交流极为频繁。据说,第三代幕府大将军源实朝,梦到自己是宋朝和尚的转世,甚至动过亲自航海入宋的念头。

收到信,祖元和尚咬了咬牙,给徒弟们讲了一番达摩祖师"逾海越漠"、不辞艰辛来中华传法的大道理,便毅然出海东渡。

想到此处,老和尚的思绪逐渐从五味杂陈的回忆中摆脱出来。这时,他才注意到,厅上泠然的乐舞早已停了,取而代之的是一股不安和狂热的气氛。他望向一侧,迎头遇上东道主时宗清澈的目光。

这张面孔太年轻了!看到年轻的幕府执权,祖元和尚总是想起另外一个同样也是以"陪臣"身份专权一国的人物——宋朝的贾似道。贾似道得势的时候,很欣赏祖元,还说动朝廷请他住持自己家乡台州的真如寺。祖元利用不多的几次机会,细细观察过这位权倾中外、炙手可热的权臣。如今他发现,时宗投来的那道目光里,蕴藏着的正是他屡屡从贾太师身上寻找不见的东西:能够忍辱负重、承载大任的刚毅。

时宗平静地递过来一张纸。侍立一旁的通事(翻译)尚未来得及开口,老和尚已看懂了纸上文字的意思。这是镰仓幕府的镇西探马连夜飞报来的军情文书。上面只是简单地写着:

五廿一,对马、壹岐,异国贼徒舟袭来。

宾主相顾无言，一时俱体会到了对方在沉默中的决然。

这支"异国贼"日后将以"东路军"之名留名史册，它是元世祖忽必烈第二次派遣征日大军的先发部队。就在那个阳光明媚的初夏午后，在大海彼端的庆元港（今浙江宁波），还有一位原南宋人，他的目光越过港内轴舻相接的船队，迫不及待地朝日本的方向远眺。他就是前南宋殿前副指挥使、大元征日的后续部队"江南军"的司令官范文虎。

祖元和尚在贾太师的府邸或许和范文虎有过一面之缘，可未必记得这个公子哥儿的长相；范殿帅也未必对恩主青睐的一个禅师有太多印象。如果没有南宋覆灭和日本远征，范殿帅只会是一个平平无奇的小人物，未必入得了后世史家的法眼。

其实，在本书的故事中来来去去的主角，也大都是些小人物。比如，在元军船队被"神风"席卷以后，因为在幸存者中军衔最高，被推举出来在孤岛上做最后抵抗的张百户；把自己珍爱的马鞍换了路费，上访邀功，还请画师把自己的事迹绘成长卷的下级武士竹崎；又或者，日本龙口山常利寺内孤寂的"元使五人塚"下，埋葬着的元朝使节，等等。若没有忽必烈征日本，这其中一半主角的历史名望将严重缩水，另一半主角大概会被历史永远湮没，留不下一丁点痕迹。

本书讲述的正是一位大人物和一群小人物演绎出的大历史。

第一章　新朝大元，老皇忽必烈

这位大人物，也是对征服日本矢志不渝的人，当然是元朝的缔造者，元世祖忽必烈。不了解忽必烈崛起的过程，不了解"元"是个什么样的政权，也就难以真正了解这场元日战争的真相。

一、"圣诞节"的汉式朝仪

1271年（至元八年）农历秋八月己未日，这个日子后来被元朝称为"圣诞节"或"天寿圣节"，是忽必烈的57岁生日。年届花甲的大蒙古国第五代大汗，正端坐在大殿御座之上，眯着眼睛看着丹墀前文武官员在侍仪官引导下跪拜如仪。宣赞高唱"山呼"，百官们声嘶力竭地大喊"万岁！"如是者三。殿前和廊下侍立的众多卫士也同呼"万岁"，遥相应和，气势甚是惊人。山呼完毕，余音在尚未竣工的大都城的黄墙青瓦间久久环绕不去。

元人后来有诗赞曰：

万方表马驾生辰，班首师臣与相臣。
喝赞礼行天乐动，九重宫阙一时新。

（节选自张昱《辇下曲》）

这套汉式的朝仪早在两年前就开始制订。忽必烈最亲信的谋臣刘秉忠和一度被后世误认为马可·波罗的大司农孛罗二人，寻访了许多通晓礼制的儒生和金朝故老，经过无数次彩排，今日终于得以正式完美亮相。

对这套烦琐的礼节，蒙古人本是很陌生的。据说，在大都的宫殿还没修好的时候，蒙古贵族和官员朝觐忽必烈，就不用拘泥太多礼数，大家一路熙熙攘攘，寒暄扯谈，好不热闹。《元史·王磐传》写道："凡遇称贺，臣庶杂至帐殿前，执法者患其喧扰，不能禁。"更早一些时候，教皇的使节柏朗嘉宾到访设在哈剌和林的蒙古汗廷。他亲眼见到，第三代大汗贵由的白色大帐，周围只有一圈木头栅栏保护着，凡在禁地瞎逛悠者，一律用木头做的响箭射击驱逐。

这种场面，在深入接触了中原文明富庶的忽必烈看来，大概也是很尴尬的。西汉初年，那些出身引车卖浆之徒的开国功臣，在殿下饮酒争功，说到激动的地方还大喊大叫，"拔剑击柱"，让汉高祖刘邦头疼不已。直到有个识相的儒生叔孙通，设计出来一套中规中矩的"朝仪"，才让刘邦体验到了身为天子的尊贵无比。

忽必烈生而为世界征服者成吉思汗的嫡孙，自小就贵不可言，还不至于像刘亭长那样情不自禁喊出"吾乃今日知为皇帝之贵也！"不过，忽必烈对这套朝仪显然很是满意。再联想起自己这些年也陆续成就了不少功业，他不禁有些志得意满、扬眉吐气之感。

这种感觉不是没有理由的。因为，就在14年前，蒙古帝国第四代大汗蒙哥统治下的第七个年头，也就是1257年，忽必烈的政治前途还是一片阴风凄惨。他怎么也不会想到，蒙古大帝国的皇冠会这么快就落到自己的头上。这顶皇冠虽然因为后来兄弟阋墙、汗国分裂，不免有些破旧，拿华夏中原的礼乐文物来补缀修饰一番，倒是可以接着再戴。

二、在兄长蒙哥的阴影下

1257年之前，忽必烈还只是蒙古帝国疆域内众多藩王中的一个。虽然他的同母兄长贵为大汗，但他还有好多叔叔伯伯和兄弟。按照草原帝国的继承传统，要说轮到他，还为时尚早。不过，忽必烈是个有野心、有抱负的人，很早就在幕府中网罗了一大批身怀奇能异术、真才实学的人才，包括刘秉忠、李德辉、张文谦、廉希宪、阿里海牙、孟速思、董文炳、董文用、郝经、王鹗、姚枢、窦默等60余人。这些人被称为"潜邸旧侣"，后来在元朝初年的政治中发挥了重要的作用。连明太祖朱元璋那样刻薄的人，对元朝历史上的这批人才也是颇为欣赏，多次称道至元"君臣朴厚",又说"昔元初有天下,人务实学,故贤才重进取"。

明成祖朱棣夺天下的时候,身边可信任的谋士,只有"黑衣宰相"姚广孝等数人。然而,论道德文章才华,忽必烈幕府"潜邸旧侣"中哪一个比不上姚广孝?《元史》说忽必烈当藩王的时候,就"思大有为于天下"。他确实有这份气度,也有这份实力。

不过,光有抱负和幕僚班子还远远不够,要"大有为于天下",首先要有施展拳脚的舞台,要有可靠的根据地。《大学》里说:"有德此有人,有人此有土,有土此有财,有财此有用。"这其实是哲学家、宗教家的一厢情愿。真正的政治家或者法家必然清楚,要想在群雄逐鹿的局面里成大事,首先得有土地、人民和钱。至于"德",这种合法性的东西,不妨以后慢慢建构。所以,有"德"如先主刘备,诸葛亮一开始无非是劝他"先取荆州为家,后即取西川建基业",巧取豪夺另外两个"汉室宗亲"的地盘。

对忽必烈和他的幕僚来说,机会很快就出现了。当时漠南地区的河南、陕西,属于蒙古帝国三大行尚书省机构——"燕京等处行尚书省"的辖区[1],因为与南宋接壤,战乱频仍,加之受到燕京行省的色目人官僚的盘剥骚扰,弄得一片乌烟瘴气。多半是某位幕僚,也像诸葛亮一样,向忽必烈游说了一通"此殆天所以资将军,将军岂有意乎"的话,于是,1252年春,趁

---

[1] 另外两个行尚书省,分设别失八里和阿母河以西,管辖蒙古征服的中亚和南俄地区。

到哈剌和林朝觐的机会，忽必烈居然主动向蒙哥大汗提出，放手让自己来治理这两个地方，而且拒绝色目人再插手当地事务。

得到蒙哥首肯以后，忽必烈带着班子兴冲冲赶赴河南地区，在下属州县设立了一干安抚司、宣抚司等衙门，兴屯田、修守备，干得有声有色。忽必烈也在部分汉地士大夫心目中迅速获得"贤王"的名声。

事后看来，这是一招埋下了重重祸根的险招。

忽必烈"试治"汉地，暗地里得罪了不少人。在新根据地谋得一份差事的"潜邸旧侣"，恰书生意气，挥斥方遒，对所属州县的吏治大肆整肃，诛杀"奸恶"，让原燕京行省系统的大小贪官们寝食难安，敢怒不敢言。忽必烈又设立榷课所，交钞提举司等等，将河南、陕西等地的财税大权也收归于己。不仅夺人官位，又夺人利薮，这问题就严重了。于是，从帝国边境的汴京直到帝国心脏哈剌和林，一场针对忽必烈和他的幕府的政治风暴正在酝酿成型。

1257年春天，终于出事了。有人在大汗蒙哥那里告发：忽必烈"得中土心"，将来恐怕尾大不掉，而且幕府诸人"多擅权为奸利事"，截留了不少上供朝廷的赋税，给忽必烈私自支配。

忽必烈的亲兄长大汗蒙哥的性格，我们还不是很清楚，只知道他首先是个极其迷信的人。《元史·本纪》说他"酷信巫觋卜筮之术"，无论做什么事，都要恭恭敬敬求神问卜一番，"殆无虚日，终不自厌"。不过，他却不是个荒政的君主。相反，汉武帝、明世宗和明神宗的经历告诉我们，越是迷信的皇帝，越喜欢乾纲独断,牢牢地把权力握在手里。此外,蒙哥还是一位果于诛杀的君主。波斯历史学家给我们留下了这样一则逸事,说的是出自拖雷家族的蒙哥登基之初,窝阔台和察合台家族的宗王据说暗蓄异志,打算趁登基典礼之际发动武装政变,结果被识破并镇压。当开会讨论如何处置叛党的时候,色目人牙老瓦赤不动声色地给蒙哥讲了一则阴险的寓言:

> 当亚历山大大帝征服了世界上大部分国家时,他想去攻打印度。但国中的大臣和权贵脱离了顺从之道,每个人都要求独立自主。亚历山大对他们毫无办法,便派遣急使到鲁木去见亚里士多德,向他摆明了大臣专横跋扈的情况,并询问他对此有何办法。亚里士多德和急使一同进入花园,吩咐把根大而深的树挖掉,在它们所占的地方种上一些幼小的树,而没有给出正面答复。受命的急使回去见亚历山大说:"亚里士多德什么也没有回答!"亚历山大回答:"他已经回答了,但你没有听懂!"(拉施特《史集》)

据说,蒙哥非常喜欢这个寓言。结果,窝阔台和察合台两家的反抗势力,包括前代大汗贵由的皇后在内70余人被无情诛杀。这是"黄金家族"内部自成吉思汗以来最大规模的血腥清洗。

话归正题。对于位于漠南,对帝国中枢隐隐形成尾大不掉之势的忽必烈幕府,蒙哥果断采取了双管齐下的手段。第一步,他以迅雷不及掩耳之势解除了忽必烈的统兵权,勒令他对外宣布"患脚疾",在家休养。第二步,他派遣自己的心腹,一个叫阿蓝答儿(波斯语:执旗者)的人,前往忽必烈在陕西、河南的封地,设立了一个叫"钩考局"的特务衙门,彻查幕府人员在经济和行政方面的违纪行为。

阿蓝答儿气焰嚣张,一到地方,就把忽必烈手下一干办事人员都关进了"钩考局",公布了142项罪名,宣称除了史天泽、刘黑马这两个万户军官外,其余人等,先斩后奏。他手下的爪牙,似乎只要喊一句"钩考局办事!"就有权直接闯入忽必烈的王府,逮捕嫌疑人,酷刑拷问,罗织罪状。"官吏望风畏遁,死于威恐者二十余人"。忽必烈一筹莫展,只好派少数亲信"弥缝其间",暗中给王府通报消息。

危急时刻,忽必烈的汉人幕僚姚枢建议,赶紧带着全家去哈剌和林长住,与蒙哥面谈,消除误会。忽必烈依言而行。据说,两兄弟好不容易见面之后,蒙哥念及手足之情,泫然涕下,"不令有所白而止"。于是,1257年年终,一场声势浩大的清算忽必烈势力的运动戛然而止。

三、意外的崛起

1257年,确实是未来的元世祖时来运转的一年。从这年开始的短短几年内,忽必烈一生中的三大劲敌,分别同他发生激烈冲突,又黯然退出历史舞台,最终成就了他从一介藩王到蒙古帝国九五之尊和后来的"中国之主"的王业。

这三大劲敌就是他的哥哥蒙哥、弟弟阿里不哥和名列《元史·叛臣传》第一的李璮。

"钩考"虽然中辍,但忽必烈的权力并没有因此恢复。1258年春,蒙哥留下年纪最小的弟弟阿里不哥守卫哈剌和林,亲率大军渡过黄河,兵锋直指南宋的川蜀腹地,其他两路大军分别由大将塔察儿和兀良哈台率领,期于1260年正月会师潭州,然后顺江东下,直取临安。不料,蒙哥的大军在重庆北的钓鱼山城遭到激烈抵抗,塔察儿麾下的东路军围攻襄阳、樊城约一周时间,结果兵败撤退。蒙哥汗大怒,撤换塔察儿,让赋闲在家的忽必烈再度领军南下。

对蒙哥来说,此次临阵换将,其后果几乎是无法承受的。忽必烈1258年底从北方的开平誓师出发,次年入秋才进入河南境内。在此期间,自冬及暑,蒙哥大军在钓鱼城下陷入苦战。七月,在钓鱼城下暑气和瘟疫肆虐的蒙古军营中,蒙哥汗猝然身亡,成为蒙古帝国第三位出征期间驾崩的大汗。这个概率放在传统中国君主身上,简直难以想象。中国皇帝最好的结局,大概是在重重殿宇的深处,在阉宦和宫人的环伺之下咽气。

蒙哥绝对是忽必烈崛起的头号劲敌。"钩考"过后,双方面上一团和气。然而,既然已经撕破了面皮,即使还顾虑手足之情没有公然兵戎相见,忽必烈和蒙哥,以及围绕在这两兄弟周围的各种势力,也必然要有摊牌的一天。

对忽必烈来说,幸运的是,这一天永远也不会到来了。对留守和林的阿里不哥来说,不幸的是要接替蒙哥,仓促间坐上牌桌，将赌局进行到底。

公正地讲，蒙哥留给阿里不哥的，倒不是一把烂牌。尽管忽必烈在即位诏中自吹自擂：

> 求之今日，太祖嫡孙之中，先皇母弟之列，以贤以长，止予一人。虽在征伐之间，每存仁爱之念，博施济众，实可为天下主。

不过，草原帝国的继承，从来就不讲"以贤以长"这一套。什么长幼、行辈、嫡庶，都可以毫不客气地拿来为最终胜利者辩护，而这个最终胜利，是要靠各种拉帮结派、谈判、谋杀和清洗，更多时候还要诉诸内战才能获得的。傅礼初（Joseph F. Fletcher）简单地把这个混乱的继承过程称为"血腥继承制"（bloody tanistry）。在这场斗争中，弟弟阿里不哥占据了蒙古根本之地，控制了和林的军队和诸斡耳朵[1]，具有更充分的大义名分。所以，杉山正明才讽刺地把这场继承战争重新命名为"忽必烈之乱"。

阿里不哥接到蒙哥去世的消息，大概也略早于忽必烈。他的党羽，也是当年参与"迫害"忽必烈的阿蓝答儿等人马上行动起来，利用和林四通八达的帝国驿站系统，大肆征调军队。个别军队的集结，距离忽必烈王府的老根据地开平还不到百里。

---

[1] 斡耳朵（ordo）意为官帐，此处指拖雷家族继承的成吉思汗四大斡耳朵，各有专门管理之机构、领地与属民。

忽必烈的王妃察必听到风声,赶紧派人去南方前线密报忽必烈。波斯文史籍记载,察必用了一个有趣的暗语:"大鱼的头被砍断了,在小鱼中除了你和阿里不哥以外,还剩下谁呢?"

1260年(中统元年)农历三月,忽必烈火速赶回开平,抢先登基。随后,双方围绕北(开平—燕京)、西(秦—陇—蜀)两条战线展开了争夺。这场汗位争夺战的细节还说不太清楚,毕竟,家丑不可外扬,况且在胜利者的史书中,失败者是没有光彩的。我们只知道,最终,忽必烈凭借东道蒙古诸王的拥护、当年王府网罗的各种奇能异士,加上汉地源源不绝的资源输送,逼迫对手在1264年(中统五年)走投无路,亲身归降。当阿里不哥按照屈辱的习俗,肩上挂着大帐的门帘去见忽必烈时,哥哥问弟弟:"这场纷争究竟谁是对的?"弟弟回答:"当时是我们,现在是你们。"

就在忽必烈与阿里不哥在西北鏖战的当儿,大后方又起火了。1262年(中统三年)二月,长期盘踞山东的军阀、"益都路行省、江淮大都督"李璮,宣布背叛蒙古,将自己统治下的涟海三城献给南宋,换取了南宋的册封。李璮盘踞山东东南部多年,一贯借口与南宋作战,养寇自重。忽必烈北上争夺皇位,他不发一兵一卒。此次突然叛投南宋,也是早有预谋。李璮的儿子李彦简留在忽必烈身边当人质,他就在从京城到益都的沿路各个交通要点安插了自己的密探,随时备有快马,搞了一条秘密驿道。这条私驿平时可用来传递情报,谋反前夕,李彦简就利用它日夜兼程逃回了山东。

据说，在蒙古军队的重重包围中，李璮曾经登上城楼，凭栏远眺，望一望该来而迟迟不来——其实根本不会来——的"援军"，作了一首《水龙吟》：

> 腰刀帕首从军，戍楼独倚闲凝眺，中原气象，狐居兔穴，暮烟残照。投笔书怀，枕戈待旦，陇西年少。叹光阴掣电，易生髀肉，不如易腔改调。
>
> 世变沧海成田，奈群生几番惊扰，干戈烂漫，无时休息，凭谁驱扫？眼底山河，胸中事业，一声长啸。太平时相将近也，稳稳百年燕赵。

可见这位山东军阀并非一点宏图壮志没有，只是格局毕竟狭隘。从一开始，忽必烈的幕僚姚枢就料定他不敢趁忽必烈北上之机"濒海捣燕，闭关居庸"，必定只会攻占济南后固守待机。果然，李璮一方面对南宋援军期待过高，一方面幻想他振臂一呼，就能在原金朝统治区内的大小军阀中造成一定的混乱。结果，蒙古大军三月围城，到了七月，济南城就守不住了。七月十三日，最后一次突围未果后，李璮知道大势已去，"手刃爱妾，乘舟入大明湖，自投水中"。可惜自杀未成，被绑到了蒙古军统帅帐前就地处死。

对李璮的穷途末日，明代的《前闻记》还留下了一个奇特的传说。说是蒙古军合围后，时常有一股白色"蜃气"弥漫在济南城上空。老人都说，这大概是"白蛇精"作祟。于是，迷信的蒙古军专程从东平府物色了一位"开山人"(捕蛇者)来对付它。这位江湖术士远远望见济南城头的白雾,一口咬定:果然是"白蛇精",不过还算幸运,"未食血,若食血了难收",如果一百天内能够捕得此蛇,就可以活捉"李行省":

> 乃于白气之方掘一土穴,取禁蛇于其内,早夜绕城吹牛角咒之:大蛇不出小蛇出,小蛇不出大蛇出。至六月半间,其白气腾空而去。

据说,自从这道白气飞去后,李璮的精气神就一日不如一日,昏昏沉沉,"军伍不备。将士作乱,以致绝粮",都不管了;十九日那天,"夜一鼓,有大星坠于府治。李拈香而拜曰:'李璮死于此'。"

四、从蒙古到大元

"阿蓝答儿钩考""阿里不哥之乱"和"李璮之乱",可谓忽必烈崛起过程中相继发生的三大危机。这三次大危机只要有一场未能熬过,中国历史上大概将不复有元朝这个朝代。当然,它们对元世祖的政治性格和元初内政外交的微妙影响,只有在更晚的时候才可见端倪。到1264年(至元元年),这些惊心动魄的时刻,俱已成为前尘影事。忽必烈终于能够把曾经向"潜邸旧侣"屡次表态——"我今虽未能即行,安知它日不能行之耶！"——的那些治天下之道，付诸实施了。至元八年的演朝仪，那不过是场面上的装饰。

对于治理汉地的人民，蒙古统治者口气一度是非常凶狠的。有个叫"别迭"的蒙古官员向成吉思汗提出过著名的建议："汉人无补于国，可悉空其人以为牧地。"这个无比大胆而又"符合逻辑"的建议，虽然因为耶律楚材的劝阻未能实现，但经过后世汉学家的层层转述，连马克思都略有耳闻，在《资本论》第一卷的一个脚注里还引用过。[1] 还有一次，成吉思汗嫌弃金朝投降过来的军队非常累赘，"次牛阑山，欲尽戮汉军"。（《元史·石抹孛迭儿传》）接下来的三大汗，南征北战，哪次不是杀人盈城？忽必烈的幕僚之一李治说得形象："黄麾一指，伏尸万里"。

想不到，才过了半个世纪，成吉思汗的继承者摇身一变，当起推行"仁政""汉法"的"中国之主"来，居然也有模有样。

《元史》记载，1262年（中统三年），忽必烈语重心长地嘱咐宰相："朕或乘怒欲有所诛杀，卿等宜迟留一二日，覆奏行之。"意思是说："我发怒下令杀人的时候，你们不要马上就办，可以等个一两天，我心情好了，再上奏一次看看。"另一次，忽必烈觉得监狱里面关的人太多了，"敕诸路自死罪以下，纵遣归家"，让他们等到八月秋凉的时候，自己回大都报到，听候判决。这

---

[1] "当蒙古人入侵中国北部各省的时候，有人曾经在会议上建议消灭那里的居民，并把他们的土地转化为牧场。苏格兰高地的许多地主已经在自己的土地上对自己的同胞实现了这个建议。"见于《资本论》第一卷第24章"论所谓原始积累"脚注217。

些囚犯居然都乖乖回来了。于是忽必烈可怜他们,大笔一挥,一律释放!这些事迹搁在赞美唐太宗的《贞观政要》里,恐怕也没有什么逊色之处。

这里不可能详细介绍至元元年到至元八年,忽必烈推行中原王朝的传统制度的一揽子举措。这些足够写半部元代制度史了。我们只好讲讲当时最为耸动视听又意义深远的两项:一是建都,二是改国号。

忽必烈幕府的老根据地,原在桓州之东、滦水之北,一片金莲花遍地绽放的开阔平原。在此地修建的城郭,先名"开平",后名"上都"(今内蒙古自治区正蓝旗东北)。至元元年开始,忽必烈着手在金朝旧都燕京(今北京)的基础上营建新的首都,历时近20年才完全竣工,后名"大都"。

这座华北平原上的千年古城,占据形胜之地,北连朔漠,南控江淮,西拥太行,东濒渤海,便于同时控制漠北和汉地。新首都有11个城门,据说象征哪吒神的"三头六臂两足"。皇城之内耸峙着大明殿、延春阁、隆福宫等宏伟富丽的宫室,又将栽满了芙蓉花的太液池(今北海和中海)囊括在内,格局仿佛游牧民族依山傍水的冬季营地[1]。这是个草原—农耕混搭风格的大都会。

宫城之内,太液池中,有琼华仙岛,后改名万寿山。山高数十丈,翠草纷纷,松桧隆郁,峰峦隐映。山顶是金碧辉煌的广寒

---

[1] 杉山正明:《クビラアと大都》,梅原郁编:《中国近世の都市と文化》,同朋舍,1984年,第485—581页。

殿，四望空阔，下植杨柳，时人所谓"广寒宫殿近瑶池，千树长杨绿影齐"。[1]值得一提的是，1269年（至元六年），忽必烈派往日本的招谕使节黑的，被阻拦在了对马岛，屡次同日方交涉未果，双方还发生了一些肢体冲突。元朝使节无奈，只好绑架了两个正好在附近捕鱼的日本渔民回京交差。这两个九州当地的渔民叫塔二郎、弥二郎。到了大都，忽必烈派人领着这两人"遍观"万寿山上的"玉殿"。太液池周围的景致，曾让见识过万国荣华的马可·波罗惊叹不已。这两个出生以来就不曾见过什么大世面的渔民，自然不会比初进大观园的刘姥姥出息更大。《高丽史》中记载，忽必烈当时还耐着性子对这两个渔民说，日本自古就朝觐中国，自己希望日本来朝，"但欲垂名后世耳！"（《高丽史》卷26）

建都之外，还有改国号。直到1271年（至元八年），忽必烈政权一直沿用前代大汗的国号："大蒙古国"（蒙古语：也可蒙古兀鲁思）。所以，1268年（至元五年），忽必烈送到日本的国书，具名还是"上天眷命，大蒙古国皇帝奉书日本国王"。至元八年，忽必烈的生日过后三月有余，就向天下宣布改国号为"元"。这道建国号诏书的修辞很有意思。它一上来就将中国上古以来的国号评头论足一番：

　　诞膺景命，奄四海以宅尊；必有美名，绍百王而纪统。肇从隆古，匪独我家。且唐之为言荡也，尧以之而著称；虞

---

[1] 陈高华，史卫民：《元代大都上都研究》，中国人民大学出版社，2010年，第46—47页。

之为言乐也,舜因之而作号。驯至禹兴而汤造,互名夏大以殷中。世降以还,事殊非古。虽乘时而有国,不以利而制称。为秦为汉者,著从初起之地名;曰隋曰唐者,因即所封之爵邑。是皆徇百姓见闻之狃习,要一时经制之权宜,概以至公,不无少贬。

总而言之,就是说,这些个国号取得都不怎么样。然后才进入正题:

> 我太祖圣武皇帝,握乾符而起朔土,以神武而膺帝图,四震天声,大恢土宇,舆图之广,历古所无。顷者耆宿诣庭,奏章申请,谓既成于大业,宜早定于鸿名。在古制以当然,于朕心乎何有。可建国号曰大元,盖取《易经》"乾元"之义。兹大冶流形于庶品,孰名资始之功;予一人底宁于万邦,尤切体仁之要……

"元"这个国号,仅仅是"大蒙古国"的一种对译,还是有什么别的政治哲学或意识形态的深意?学者众说纷纭。这里只节录唐德刚先生的一段明快断语,为这道诏书做一注解:

> 中国的朝代名称,从秦、汉、魏、晋……到宋、辽、金,均是具体的地名。但是蒙人在入主之后……乃改用一个抽象的名称改元,以为朝代之名,以示其是一个真正的"四

海之内,莫非王土;率土之滨,莫非王臣"的传统儒家思想里的宇宙大帝国,不自限于某一特定区域也。[1]

唐先生的断语对与不对,留待下一章讲忽必烈的征日动机时再详说。我们只需知道,就在忽必烈向天下宣布改国号的几乎同时,元日开战前的最后一名使节赵良弼,正带着忽必烈的"最后通牒"在日本登岸。

他究竟是代表儒家的"中华共主"来要求日本承认,还是代表着"灭国四十"的蒙古帝国来要求天皇匍匐在大汗的脚下呢?

---

[1]唐德刚:《袁氏当国》,广西师范大学出版社,2015年,第140页。

第二章　蒙古帝国的野心与黄金之国日本

一、蒙古的野心

刚刚崛起的元朝，尚与南宋在神州大地上对峙，为何急于出兵日本？研究者多以为是忽必烈为征服南宋而布置的一局大棋。[1]然而，又该如何解释南宋灭亡之后，忽必烈对日本至死不渝的执念呢？

其实，问题该这样问：忽必烈为何出兵日本、出兵南宋、出兵占城、出兵安南、出兵缅国、出兵爪哇、出兵高丽？一个朝代的正史的《外国传》里，几乎清一色都是被它征伐过的"外国"，这在二十四史中恐怕是前无古人，后无来者。这些国家，后来多数成了明太祖在《祖训》里谆谆嘱咐后世子孙不准瞎碰

---

[1] 除了"孤立南宋"说，还有"消灭倭寇"说、"贪图黄金"说和"夺取硫磺"说，等等，见北冈正敏：《蒙古襲来の真実：蒙古軍はなぜ壊滅したのか》，ブイツーソリューション，2017年，第35—36页。

的"不征之国"。

答案只有一个：这是蒙古帝国的本性使然。

游牧民族为什么打仗？首先是为了从定居农业社会获取必要的经济资源，维持本来不太稳定的游牧经济。这样看，蒙古人不过是步匈奴、鲜卑、契丹等民族的后尘。

其次，也是为了从这种掠夺中收获作为战士的乐趣。最有代表性的就是成吉思汗的名言，男子汉最大的乐趣在于：

> 镇压叛乱者、战胜敌人，将他们连根铲除，夺取他们所有的一切：使他们的已婚妇女号哭、流泪，骑乘他们的背平滑的骏马，将他们的美貌的后妃的腹部当作睡衣和垫子，注视着她们的玫瑰色的面颊并亲吻着，吮她们的乳头色的甜蜜的嘴唇。（拉施特《史集》）

或者如法国现代著名思想家雷蒙·阿隆（Raymond Aron）说的：

> 沙漠或者草原的游牧民族、阿拉伯人或者蒙古人的生活方式在于：战斗是生活当中的自发表达和主要活动。他们为战争而战争。他们攻击定居民族，因为战争是他们的乐趣。[1]

---

[1] 雷蒙·阿隆，朱孔彦译：《和平与战争：国际关系理论》，中央编译出版社，2013年，第149页。

不过，如果把蒙古帝国的军队视同一群打劫为生的绿林草寇，那是大错特错。他们真的鼓捣出了比这个还复杂一点的东西。当蒙古军队把一个个独立部族或政权的名字从欧亚地图上抹去，把蒙古国家从一个纯粹的草原社会组织转化为一个"农牧复合帝国"后，就出现一种认为蒙古人本就应该征服世界的辩护论思想。一些西方蒙古学家称之为"蒙古帝国观念"（Mongol imperial idea），或者说"蒙古帝国意识形态"。[1]

二、是"国书"还是"臣服诏书"？

什么是"蒙古帝国意识形态"？看看蒙古大汗致教皇和法国国王路易的"诏书"就知道了。

13世纪初，横扫欧亚的蒙古"旋风"让西欧的统治者寝食难安。传说，蒙古部落中还有信奉基督教的"约翰王"。于是，教皇英诺森四世和法国国王路易九世等，纷纷向蒙古大汗派出正式或非正式的使节，一方面搜集潜在对手的情报，另一方面试探有没有和蒙古人开展合作、共同对付阿拉伯军队的可能，也好减轻一点十字军诸国的压力。

1247年，方济各修士柏朗嘉宾历经千辛万苦，不负重任，

---

[1] 虽然西方研究者多用idea（思想、观念），从这种征服观与权力结合，具有很强的操作性和实用性看，直接称之为意识形态（ideology）或许更加妥当。见余英时：《意识形态与学术思想》，载于《中国思想传统的现代诠释》，台北：联经出版事业公司，1987年。

带回了大量有价值的情报，还有蒙古大汗贵由给教皇的回信。在此节录关键部分以飨读者：

我们，长生天气力里，

　　大兀鲁思之汗

我们的命令：……

　　自日出之处至日落之处，一切土地都已被我降服。谁能违反长生天的命令完成这样的事业呢？现在你应该真心诚意地说："我愿意降服并为你服役。"你本人，位居一切君主之首，应立即前来为我们服役并侍奉我们！那时我将承认你的降服。

　　如果你不遵守长生天的命令，如果你不理睬我的命令，我将认为你是我的敌人。同样地，我将使你懂得这句话的意思。如果你不遵照我的命令行事，其后果只有长生天知道。（道森《出使蒙古记》）

这封"回信"，或者干脆说，这道"命令"的末尾，还印有大汗玉玺，文字意为"长生天气力里，大蒙古兀鲁思全体之汗圣旨。敕旨所至，臣民敬肃尊奉。"

贵由回信的内容显然不只让老教皇失望透顶。著名的"卡诺萨之辱"就发生在那个教权尊于王权的中世纪欧洲。说的是神圣罗马帝国皇帝亨利四世，因为和教皇格列高利七世起了冲突，被教皇革出教门，只好亲自前往意大利北部的卡诺萨城堡，在教皇下榻处的门外，赤足露顶，冒着漫天飞雪，跪求了三天三夜，才让教皇消气。有人用贵由那般语气训斥养尊处优的教宗大人，大概还是破天荒头一回。读罢这封奇妙的国书，英诺森四世内心深处的憋屈和愤怒，肯定是难以用笔墨形容的。

让他感到"安慰"的是，西欧其他君主从蒙古大汗那里收到的，也大都是这种不太客气的命令。大汗蒙哥致法国国王路易九世的信中还来了这么一句："在天上只有一位永恒的神，在地上只有一位统治者，那就是成吉思汗，神之子。"（拉丁文：In coelo non est nisi unus Dues eternus, super terram non sit nisi unus dominus Chingischan, filii Dei.）素有风度的圣路易，也只能摇摇头，苦笑着把信搁在一旁。连教宗大人都吃了个哑巴亏，他还有什么好说的？

柏朗嘉宾，就是那个带回贵由回信的修士，在自己的回忆录里写道，成吉思汗曾经颁布了两条法令，任何蒙古人不得违反，其中一条就是："他们要使全世界降服，决不同任何民族讲和，除非这些民族首先向他们投降。"（道森《出使蒙古记》）

几乎毫无妥协余地的"要么归顺，要么开战并被征服"，就是蒙古帝国对外征服精神的本质特征。埃里克·沃格林（Eric Voegelin）从前近代的国际关系角度，对这些"诏书"作了非常中肯的解说：

> 神的旨意（Order of God）要求成吉思汗统治世界……蒙古帝国——依据它的自我诠释——并非是世界上诸国（states）林立格局中的一国，而是一个"正在形成中的世界帝国"（拉

丁文：imperium mundi in statu nascendi）。众多领土、君王和人民也许事实上（de facto）在蒙古军事和财政管理所及的范围之外，但是他们在法理上（de jure）是这个正在形成中的世界帝国潜在的组成部分。一旦帝国的权力事实上扩张了，那么法理上的潜在组成部分就应该被转化为事实上的组成部分。

……世界帝国之主的地位是独一无二的，大汗权力一旦与其他君王的权力发生接触，在任何情形下，一开始都不存在法理上的和平状态，例如互相承认领土和权力，也不存在法理上的战争状态。与蒙古帝国最初接触时，异国权力要么进入臣服关系，成为蒙古人的附庸……如果拒绝服从，那就等于是叛变（rebel）。由于后一种选择而招致的暴力行为不是战争，而是（从法律上说）一种讨伐，是得到神意支持的。[1]

作为从小就在"黄金家族"中长大的"皇三代"，忽必烈正是在这种一往无前的征服者思维哺育下成长的。读读他给"日本国王"的两道诏书，比起贵由和蒙哥来，语气虽然还算客气，却毫无转圜余地。第一道诏书中这样写道：

日本密迩高丽，开国以来，亦时通中国，至于朕躬，而

---

[1] Eric Voegelin: The Mongol Orders of Submission to European Powers, 1245–1255, In: *Byzantion: Revue Internationale des études Byzantines*, 15（1941）: 378–413.

无一乘之使以通和好。尚恐王国知之未审，故特遣使持书布告朕心，冀自今以往，通问结好，以相亲睦。且圣人以四海为家，不相通好，岂一家之理哉？以至用兵，夫孰所好，王其图之。

第二道诏书中有这样的内容：

日本素号知礼之国，王之君臣宁肯漫为弗思之事乎！近已灭林衍，复旧王位，安集其民，特命少中大夫秘书监赵良弼充国信使，持书以往。如即发使与之偕来，亲仁善邻，国之美事。其或犹豫以至用兵，夫谁所乐为也，王其审图之。

传统中国的君主，不会以这样的姿态给外国写信。对他们来说，不遣使，不来朝？无妨！蕞尔岛夷，僻居海上，四夷宾服、万国来朝的煌煌盛会，何时在意缺了个什么倭国的代表？"欲朝者不距，不欲者不强"（《汉书·匈奴传》）"来者不拒，去者不追"（钱时《两汉笔记》卷9），置之化外，足矣！

元朝不一样。在20世纪初新发现的《异国出契》中，还有一件1269年（至元六年）大蒙古国中书省给"日本国王"的牒文，其中就说得比较露骨了。牒文要求日本像高丽一样，"尽畏天事大之礼"，并且保证给予高丽国同等地位，否则就要：

天威赫怒，命将出师，战舸万艘，径压王城，则将有噬脐无及之悔矣。

现代学者喜欢争论：忽必烈诏书里"以至用兵，夫孰所好"这些话，究竟有没有武力威胁的意思，还是真心要和日本和平建交？看到这里，不难发现答案很简单。"上兵伐谋，其次伐交，其次伐兵，其下攻城。"说得很玄，其实是个简单的成本费用计算问题。石器时代的原始人，只要光凭虚声恫吓，就能从软弱的对手那里敲诈来自己想吃的果子，而用不着拼老命动脚底那把无比笨重的石斧头，也会优先选择前一策略。

对忽必烈来说，也是一样。他打算敲诈果子的态度始终如一，而传统的中华帝国，一味装作看不上这些果子。这才是关键所在。忽必烈那些诏书，外表一派中华气象，骨子里无非是蒙古式"臣服命令"。试问，以"用兵"来要挟日本"畏天事大"和大汗贵由要求西欧诸国"为我们服役并侍奉我们"，"以至用兵，夫孰所好，王其图之"和"如果你不理睬我的命令，我将认为你是我的敌人"之间，有什么本质区别呢？就好像楚将子玉向晋文公请战："请与君之士戏"；曹操跟孙权说："今治水军八十万众，方与将军会猎于吴。"这些外交辞令，显然都不能够按字面意思去理解。

忽必烈也发现，在别人的地盘上用别人的话语和规则，来玩这套外交游戏，自己远不如唐宗宋祖。那几道语气诡异、让后世学者揣摩不透的谕日本诏书，好比一个西洋拳击手改打太极，总觉得招式软绵绵的，况且几拳出去，连一点效果都没有，还是老老实实做回蒙古大汗，手握"上帝之鞭"来得快活自在。

三、"合法性欠缺综合征"

除"蒙古帝国意识形态"外,还有一个深层动机,促使忽必烈出兵日本,我们称之为"合法化饥渴"或者"合法性欠缺综合征"。这是几乎困扰忽必烈一生的顽疾。

不错,蒙哥战殁四川而引发的皇位争夺,最终胜出的人是忽必烈。比起蒙古帝国的"前四汗",新生的忽必烈王朝最大的两个软肋,就是"得国不正"和"推行汉法等于背离草原传统"。我们只需要摘引一段美国蒙古学家罗沙比的评语,就足以说明忽必烈当时的心理状态:

> 和他的前辈一样,忽必烈清楚地知道,他必须继续坚持领土扩张的政策。因此,他的军事机器一直保持着临战状态。在蒙古人眼中,作为统治者,他的成功至少在某种程度上取决于他能够为他的帝国增加多少财富、人口和疆域。同样,汉人的思想观念认为,一个好君主的贤德及其国度的荣耀会吸引外国人来朝,并服膺于华夏文明。为了提高他作为蒙古人和汉人世界统治者的权威性,忽必烈必须采取一种果断的、进取性的甚至进攻性的对外政策。此外,对忽必烈夺取汗位的质疑,也迫使他必须用实际行动证明自己的合法性,平息对他统治权力的任何疑问。既然他曾受到自己亲兄弟的挑战,那

么肯定还会有人质疑他是否有资格担当蒙古帝国的统治者。对他来说，堵塞质疑之口的最好方法，莫过于把更多版图纳入蒙古的政治控制之下。除此之外，还有什么更好的方法呢？[1]

1271年，当57岁的老皇帝忽必烈，志得意满，举目四顾，正要感慨时无英雄、对手难觅的寂寞时——虽然南宋尚未降伏，他打心底里瞧不起南宋朝廷那一帮君臣，或许贾似道和文天祥除外——一个不怎么和谐的声音，传到了他的耳朵里。《元史》里有一篇元代西夏人的传记，里面说，正在这个当儿，"西北藩王遣使入朝"。这个"西北藩王"或许是对忽必烈早就心怀不满的窝阔台、察合台后王，或许是忽必烈的亲弟弟、已经在伊朗"自帝一方"的旭烈兀，又或许是金帐汗国的蒙哥帖木儿汗。总之，来朝的使节似乎非常忠实地转达了他们的质问：

> 本朝旧俗与汉法异。今留汉地，建都邑城郭，仪文制度，遵用汉法，其故何如？《元史·高智耀传》

直到这时，忽必烈才猛然记起，原来蒙古国家是个"家产制"的东西；换句话说，是"哥哥兄弟每商量定，取天下了呵，各分

---

[1] 罗沙比，赵清治译：《忽必烈和他的世界帝国》，重庆出版社，2008年，第73页。

土地,共享富贵"的生意(《元典章》卷9《吏部三·投下》"改正投下达鲁花赤")。如今天下还未打下来,他搞的那套"仪文制度,遵用汉法",或许可以安抚乃至激励亡金统治区的那些汉人,但草原上的哥哥弟弟、叔叔伯伯,未见得肯服气。其实,蒙古大帝国传到成吉思汗的子孙辈手里,越来越像一个家族成员合伙成立的股份公司,大汗就好像董事长兼任首席执行官(CEO),不该消极无为、坐吃山空,而是有义务把家族生意做大做强。所以,每任大汗登基,必发动一轮新的对外征服战争,以示威武不输先皇,红利人人有份。忽必烈自然也躲不过这一轮"任职考核"。

大元帝国的触须还可向何方伸展?南宋前线已呈胶着状态,再往南,安南、占城、缅国和爪哇,现在还鞭长莫及,西面和北面,是左右手蒙古宗王的传统势力范围。老实说,忽必烈的选择余地实在不大,答案呼之欲出:对日本动手,可以说是一石二鸟。就算不能完全征服日本,在东亚地区故意制造紧张对抗态势,也方便忽必烈把高丽更紧密地绑在自己的战车上。

现在,这个现成答案,需要有人来告诉忽必烈。据说,这个主动为忽必烈分忧的人,是一个叫赵彝的高丽人。《元史·日本传》载:

> 元世祖之至元二年,以高丽人赵彝等言日本国可通,择可奉使者。

赵彝在《高丽史》中被归入了《叛逆传》。《高丽史》说他原名"赵萳如",曾经当过和尚,后来还在高丽考上了进士,看来也小有才气。他"叛逃"元朝后,外号叫"秀才","能解诸国语,出入帝所"。从赵秀才通晓多国外语,而且经常有见到忽必烈的机会这两点看,这个高丽人大概是忽必烈身边的一个"怯薛"人员。"怯薛"本来是成吉思汗组建的中央禁卫军,在元朝逐渐蜕变成一个为皇室服役的机构。"怯薛"人员往往可以越过正规的政务机关,"乘间进说",干预国家大事。从窝阔台时代开始,就有高丽降人投充"怯薛"。其实,赵彝大概不过是给忽必烈出出主意,让他通过高丽给日本施压,结果搞得高丽长年鸡犬不宁,被后世的朝鲜史家写入《叛逆传》,也是咎由自取。

四、遍地黄金宝珠的"Zipangu"

除了从高丽奴才那里了解到日本和高丽隔海相望,在决策遣使日本前,这个国家在忽必烈以及元朝朝野上下的心目中,究竟是个什么形象呢?这个问题不好回答,笔者姑且一试。

研究者相信,著名的威尼斯旅行家马可·波罗也做过忽必烈身边的一个"怯薛",忽必烈经常派他出使中国各地,甚至南海诸国。忽必烈有个小爱好,每当去各地出差的使臣回朝,他都要向他们打听一些当地的"人情风俗";马可·波罗就非常善于搜集这类奇闻逸事,所以尤其得宠。(《马可波罗行纪》第15—16章)在《马可波罗行纪》中,有一段关于"Zipangu"岛屿的描述。一般认为,"Zipangu"就是"日本国":

日本国是一岛，在东方大海中，距陆一千五百哩。其岛甚大，居民是偶像教徒，而自治其国。据有黄金，其数无限，盖其所属诸岛有金，而地距陆甚远，商人鲜至，所以金多无量，而不知何用。

此岛君主宫上有一伟大奇迹……其顶皆用精金为之……复次宫廷房室地铺金砖，以代石板，一切窗棂亦用精金，由是此宫之富无限，言之无人能信。

有红鹇鸪甚多而其味甚美。亦饶有宝石、珍珠，珠色如蔷薇，甚美而价甚巨，珠大而圆，与白珠之价等重。忽必烈汗闻此岛广有财富，谋取之。

马可·波罗肯定未到过日本，并且他进入元代中国是1275年（至元十二年），也就是战争开打以后。不过，他的这段描述，大概得自当时亚欧大陆商贸圈中广泛流传的对日本物产的模糊印象。我们将之看作当时欧亚大陆（包括元朝）对岛国日本的想象，大抵不致错谬过甚。

这段描述有吸引蒙古人的地方吗？显然是有的。蒙古统治阶级大概不会关心"红鹇鸪"比起塞北八珍中的"天鹅炙"是不是更美味。但是，黄金和珍珠，这两样可是蒙古帝国内最受追捧的支付手段、流通手段和奢侈消费品。[1]

---

[1] 中国传统文献中也提到"倭国"盛产一种"如意宝珠，其色青，大如鸡卵，夜则有光，云鱼眼睛也。"可见《马可波罗行纪》的描述并非空穴来风。

黄金这种流行欧亚的硬通货，自不必言。珍珠是蒙古人用来装饰妇女头戴的"罟罟冠"、礼服乃至军官虎符、圣旨诏书的主要奢侈品。蒙古贵族喜爱珍珠究竟到了什么程度呢？

有个叫尚文的汉人，在河南行省做官的时候，恰巧遇上有西域商人进献珍宝，售价"六十万锭"，他的上司，某"省臣平章"（蒙古人）面有得色地向他夸耀："这个见过没？这叫押忽大珠，卖六十万，不贵！"六十万锭是个什么概念呢？大概是元朝前期平均一年财政收入的五分之一。这颗大珠有没有卖到六十万锭，我们不知道。不过，对于如此珍宝，当时一座官员都传看把玩，爱不释手。尚文非常瞧不起，勉强问了一声："这玩意有啥用？"上司回答："含之可不渴，熨面可使目有光。"看来是养生美容，效果俱佳。尚文只好发了一通"对天下百姓来说，粮食才是宝贝"云云的牢骚（《元史·尚文传》）。

或许，除了"蒙古帝国意识形态"和"合法化饥渴"，传说中的"黄金之国"和蔷薇珍珠，也是忽必烈决定不计代价逼迫日本臣服的理由之一吧。

除了《马可波罗行纪》外，元朝后来纠集文化精英编修的《宋史》中的《日本传》，也或多或少反映了当时人对日本的贫乏和碎片化印象。

这篇《日本传》三分之二的内容，居然是距元朝两百多年前一个日本僧人来华的相关事迹，节录了他带来的一些日本国情资料。这个僧人叫奝然，984年（宋太宗雍熙元年）带着5名弟子来华，请走了一些佛经和佛像，带来了两种介绍日本国情和地理的资料，即《王年代记》和《职员令》。

这两种资料让中国官修正史的《日本传》走出了依靠传说的时代，十分重要。然而，就拿《日本传》节录的六十四世天皇来说，最后一位，才数到969年至984年在位的圆融天皇。13世纪的元朝人看这些，应该类似今天我们看18世纪德川幕府的历史一样，充其量不过是学者专家案头的消遣，有什么实际作用？

信息更新不及时也就罢了，奝然和尚的文字，又往往带有强烈的文学意味和个人体验色彩。他说，来的时候是"附商船之离岸，期魏阙于生涯，望落日而西行，十万里之波涛难尽；顾信风而东别，数千重之山岳易过"，又说回去的时候是"季夏解台州之缆，孟秋达本国之郊"。不辨航路与季风的古代书生看到这些，自然如堕五里雾中。宋元之交的大学者马端临——可算忽必烈的同时代人——就曾抱怨，那些个路途道里的记载，一会"何其远也"，一会"又何其近也"，让人搞不清楚。

马端临撰写的《文献通考》，成书于1307年（元成宗大德十一年）。其中的《四裔考》也有一篇日本的介绍，无非也是抄撮历代正史的《倭国传》和《日本传》而成。读来读去，普通人怎么也没法把上面这些文字记录，同现代的民族史学叙述呈现的镰仓日本联系起来。

读史者看到这里，不禁要感慨，一场太平洋战争下来，美国涌现了多少在日本研究领域开风气之先的"日本通"，包括国人熟悉的写《菊与刀》的本尼迪克特。而元世祖与日本两次大战，死伤十几万人，居然未能换来同时代绝大多数人对于日本的一点新认识，怪哉，怪哉！

倒也无须苛责古人。当时生活在元朝疆域内的绝大多数人都没出过国、留过洋，既没有今日的高校和公共图书馆可资利用，也不能便利地在线搜索百度、谷歌、维基百科等等，更没有什么人甘愿舍弃"四书五经"中的"黄金屋""颜如玉"，专门搜集国外的情报资料。直到1887年（清光绪十三年），黄遵宪在《日本国志·叙》中还在批评：

> 以余观日本士夫，类能读中国之书，考中国之事，而中国士夫，好谈古义，足己自封，于外事不屑措意。无论泰西，即日本与我仅隔一衣带水，击柝相闻，朝发可以夕至，亦视之若海外三神山，可望而不可即，若邹衍之谈九州，一似六合之外，荒诞不足议论也者，可不谓狭隘欤！

笔者这里之所以仿效今天时髦的形象学和传媒学，研究一点忽必烈时代的日本印象，也想说明一点：忽必烈打算对日本出手的时候，面对着的实在是他并不怎么了解的一个对手，即便这种信息匮乏因为后来多次遣使日本，有些许改善，仍然远远不够。这对于两次远征和孤悬海外的十几万元朝官兵来说，可是致命的错误。

第三章　对手和帮手

一、两个 11 岁的箭术高手

忽必烈要面对的，究竟是什么样的对手呢？是镰仓时代的日本。在这个时代，日本的政治权力枢纽，已经不在那些天皇，以及退了位、出了家还眷恋权势的上皇、法皇，或者平安京（京都）的众公卿、殿上人手里，而是在镰仓幕府。

幕府这个词是中国的舶来品，在日本指近卫大将军的营阵之府。1192 年（日本建久三年），后鸟羽天皇任命东国武士集团的首领源赖朝出任"征夷大将军"，源氏设在镰仓的政治机构也改称幕府。这是个名义上拥戴天皇，实际由武士集团掌握实权的政权。到了忽必烈时代，镰仓幕府的大将军也已近似傀儡，最高权力旁落到外戚北条家族手中。北条家族内总揽大政的一系，称为"得宗"家，世袭幕府"执权"的官职。"执权"，也就是代理幕府大将军执政。

从 1271 年（元至元八年，日本龟山天皇文永八年）算的话，当时日本真正的"话事人",是镰仓幕府的第八代执权,年方二十的北条时宗。

北条时宗,是前任执权北条时赖的正妻所生的嫡子。尽管还有个异母兄长时辅,父亲却为时宗取名"相模太郎"(相模是北条氏的根据地),对他寄予极高的期望。关于时宗,正史说他"幼习射,蚤以能著",是个早熟的天才。关于他,还有个很有名的故事。[1]

1261年(日本弘长元年),也就是忽必烈在大海那一头登基称帝的第二年,农历四月二十五日,时任幕府大将军的宗尊亲王,在极乐寺举行射艺大会,盛况空前,观者如堵。到了快结束的时候,宗尊亲王提出了个出人意料的要求:"传说中的'小笠悬',能不能让我见识一下?"

在座的各位都愣神了。小笠悬(をがさがび)据说是在一根木棍顶端挂上一块四寸见方的小木板,射手须在飞驰的马背上射击这个靶子,是一种难度系数很高的射箭项目。在如此高规格的典礼上,表演如此复杂的箭术,要是出了什么丑,明天就该传遍大街小巷了。于是,平日一贯高调,自诩什么关东养由基、西国薛仁贵的高手们,忽然噤若寒蝉,要不就是变得谦逊无比,借口不熟悉小笠悬的礼仪,互相推让,就是没人敢站出来。

---

[1] 事件梗概可以参见尾崎綱賀:《北条時宗と日蓮・蒙古襲来:末世・亂世・大難を生きる》,世界書院,2001年,第49页。

没想到，当天第二件令人瞠目结舌的事情紧接着发生了。北条时赖侧过身，吩咐他的小儿子时宗说："太郎，你去试试吧！"

时赖话音刚落，两厢的客席立即传出嗡嗡的私语声。时宗恍若不闻，平静地起身行礼，纵身上马。在万众瞩目之下，他一袭白衣，娴熟地驾驭着一匹小白马，缓缓进入跑马场，接着，跃马扬鞭，疾驰到长约百米的跑马道中央，侧身轻舒猿臂，引箭上弦，一发中的。靶子带着深深没入的羽箭，在空中翻滚了好几圈才落地。

全场顿时一片寂静。"漂亮！"宗尊亲王拊掌大笑，接着，喝彩声雷动。

上面的描述或许不无些许传奇成分，不过，江户时代的史家德川光圀，在《日本史记》中给时宗作传时也老老实实提道：

> 弘长元年，宗尊观射于极乐寺第，命小笠悬。众皆以不谙射仪，辞焉。时赖召时宗命之，时宗骑而临场，一发中的，时年十一。宗尊赏叹不已。时赖悦曰："斯儿固有继业之器！"

不论时宗平日里箭术怎么精湛，在这样的大场面下能正常发挥，对稚气未脱的少年来说，实属不易。后来，在时宗去世后第三年忌日，无学祖元感叹他终年不满四十，"成就功业，却在七十岁人之上"，并且回忆起弘安四年，元朝大军压迫博多湾（"虏兵百万在博多"），时宗也"略不经意"，谈禅说法不辍。现在看来，北条时宗这种少年老成、"矫情镇物"的气度，颇有谢安淝水之战前后的风范，在幼年时已见端倪。

极乐寺射艺大会举行的当年，时宗才11岁。每当看到这个故事，笔者总是会联想到另外一位少年。

伊利汗国合赞时代的犹太医生拉施特，写了一部《史集》。这部书中的《成吉思合罕纪》提到，1224年，成吉思汗从西征返回，快到自己的营帐的时候，一个皮肤黝黑的少年牵着他9岁的弟弟旭烈兀，掀开帐帘，欢笑着飞奔出来迎接祖父。

恰好，这位黑小子刚刚在一个叫"爱蛮—豁亦"的地方，完成了他独自狩猎的首秀，射杀了一只兔子，而弟弟旭烈兀射杀了一只山羊。按照蒙古人的传统习俗，小孩子的第一次狩猎，要举行一个"拭指"仪式，给小猎手的大拇指涂上油脂。这时候，祖父成吉思汗亲自给两个满面春风的小猎手"拭指"。让全蒙古部落的战神和偶像来主持自己的"成人礼"，哥哥虽然十分兴奋，也只是"轻轻地抓住成吉思汗的大拇指"；弟弟旭烈兀却十分紧张，"紧紧抓住他的大拇指"。老祖父吃痛不过，喊道："这个坏蛋要把我的手指掐断了！"

故事说到这里，读者自然能够猜到，这个刚完成生平第一次狩猎的皮肤黝黑的少年，就是后来的元世祖忽必烈。这一年，据拉施特医生说，忽必烈正好也是11岁。

镰仓的相模太郎，拖雷家族的黑小子，从这两个小孩子幼年的事迹就不难看出，他们都是冷静缜密型的战略家，好像命中注定要成为旗鼓相当的对手。

二、"上首功"的武士国

对忽必烈来说相当棘手的是,北条家的小儿已是如此难缠,他手下的那些人也不是什么善茬。

镰仓幕府,是源氏和北条氏先后把持国家大政的中枢,麻雀虽小五脏俱全,也设置了如"政所"(负责行政事务)"问注所"(负责司法事务)和"侍所"(负责军事和警察事务)等各类机构。在地方上("诸国")则设立"守护""地头",分别负责地方治安和赋税征收。镰仓幕府是个武士代理人政权,这些重要职务自然主要由各级武士首领占据,这些武士首领名为"御家人"。在御家人之下又有为数众多的下级武士,包括一般的"侍""足轻"(步兵)"郎党""郎从",一些大的寺院中还有"僧兵"。

幕府将军("镰仓殿")授予御家人"御恩"(土地俸禄),换取后者的"奉公"(御家人役),包括卫戍镰仓、进贡马匹、修缮御所、协办祭典佛事等等;相似的,武士首领赐予下级武士领地和官职,以换取后者的军事义务和其他效劳。这样一种层层叠加的、主仆式的权利义务体制,很接近中世纪欧洲的"封建社会"。这个封建社会倡导的道德价值,首先是绝对忠于"主君"(将军和武士首领)的忠孝,还有武勇、勤俭、重名分、尚气节等等。

武士本来是脱离农业生产的一个武装集团。镰仓日本既然是个武士社会,我们不难理解,它必然同时是一个军事参与率和军事动员程度较高的社会,中下层人口掌握兵器和技击的机会,远高于后来元朝统治下的中国北方和江南地区。

平日里,镰仓武士就经常搞些"犬追物"(骑马射击奔跑的狗)、流镝马(骑马射击三个并列的箭靶)、"小笠悬"之类的箭术娱乐。日本藏的《正传寺文书》记载:"蒙古人云,日本弓箭、兵杖武具,超胜他国。"或许是元朝老兵的亲历印象。忽必烈派遣出使日本的赵良弼,回来报告说:臣在日本逗留了快一年,"睹其民俗,狠勇嗜杀"。连平日不大出门的南宋遗民郑思肖都知道:"倭中风土素蛮顽。"(《元贼谋取日本二绝·其一》)

相反,中国古代的大一统专制王朝,自秦王朝尽收天下之兵,在咸阳铸了12个金人以来,最害怕的莫过于百姓持有兵器,"习学枪、梃、弓、刀",一而再再而三地严禁民间私藏兵器。元朝统一中国后,甚至连"铁尺""骨朵"和"带刀子拄棒"也当作兵器,要从民间"疾忙拘收者"(《元典章·禁递铺铁尺手杖》)。所谓"带刀子拄棒",多半就是《水浒传》里头卢俊义上梁山前,"取出朴刀,装在杆棒上,三个丫儿扣牢了"的"朴刀"。"带刀子拄棒",虽然《武经总要》之类的兵书都不愿意算作军器,却是绿林好汉最称手的家伙。李逵战李鬼、杀母大虫,武松血溅鸳鸯楼,凭的都是一把朴刀。[1] 元朝还规定,"游手逐末"的游民,学习摔跤和枪棒,官府查出来的话,师父和徒弟

---

[1] 王学泰:《游民文化与中国社会》(增修版),山西人民出版社,2014年,第249—250页。

都要各打七十七下,"拜师钱物给告人充赏",这样,"庶几恣悍之风不作,凶强之技不传"。(《元典章·禁治习学枪棒》)

元朝与镰仓日本武力的详细对比,在后面的章节中我们还要一一探讨,这里只再勾勒几笔镰仓社会的风尚。我们不妨引用《平家物语》里面一则著名的逸事。

在镰仓幕府崛起之前,以源氏为首的东国武士集团和以平氏为首的西国武士集团打得你死我活。赫赫有名的《平家物语》,讲的就是这一段"源平盛衰"的故事。在源平大战中,有一场决定性战役,叫作"须磨浦之战"。源氏阵营中有个很普通的武士,来自武藏国,名叫熊谷次郎直实。当时熊谷追赶平氏一方的溃军,直到海边,看到一个衣甲鲜艳的武将。《平家物语》描述说:

> 那人今日的装束是绣有仙鹤的直裰、上浅下深的淡绿铠甲,头盔上打着锹形结,佩带着镀金的腰刀,背后插着鹰羽箭,手里拿着缠藤的弓,骑的是圆斑灰毛骏马,配着金饰的雕鞍。

总之,一看就是只肥鸭子。这武将已经弃马下海,朝前方接应的船泅渡而去。熊谷眼看着煮熟的鸭子要飞了,急得在后面大吼大叫,向对方搦战。没想到,对方居然颇有傲气,返身应战,可惜又不是熊谷一合之敌,很快被击倒在地。

熊谷按住他,照例要割取首级。揭开头盔一看,"原来却是个十六七岁的少年,稍加修饰,用铁浆水把牙齿涂成了黑色,和自家的小次郎年龄相仿，容颜很是秀丽"。熊谷有点不好意思下手，于是说："你到底是何人，报上名来，我可救你。"对方只肯说："对你说来，我算得上是个像样的对手，我不用通报姓名，你砍了首级去问吧，人们会认得出的。"

熊谷一想，此人和他小儿子差不多大，心有不忍，但扭头一看，后面乌泱泱又追上来50来号友军。他一想，无论如何，自己不取首级，到底便宜了别人。于是熊谷边"哭着取了这少年的首级"，边感叹说："唉，身为武士是最可憾的了，若不是生于武勇之家，哪能落得如此下场！我也只好狠一狠心，动手杀戮了。"后来，从熊谷带走的武将身上的笛子才判断出，少年是平家的公子，17岁的平敦盛。据说熊谷次郎后来因良心谴责落发入道，皈依佛门。

这是个看上去有点唯美的故事，很符合日本文学中"物哀"的审美情调，所以后来被改编成了"能剧"。数百年后，日本战国时代的织田信长，在生死存亡的桶狭间之战前，独自吟唱的《人间五十年》，就源自这个典故：

> 人间五十年，与天相比，不过渺小一物。看世事，梦幻似水。任人生一度，入灭随即当前。此即为菩提之种，懊恼之情，满怀于心胸。汝此刻即上京都，若见敦盛卿之首级！放眼天下，海天之内，岂有长生不灭者。

新渡户稻造那本著名的小册子《武士道》，也特意提到了熊谷的故事，觉得是"把武士的最残酷的武功，用温柔、怜悯和仁爱来加以美化"。[1]不过，在冷眼旁观者看来，"敦盛卿之首级"的悲剧并没有多少"物哀"的美学，说到底，它只反映了垄断暴力者对战功和首级赤裸裸的狂热追求。

镰仓社会最低级的武士都明白这样一个简单道理：要得到"镰仓殿"赏赐的土地和俸禄（"新恩给与"），就必须立下实实在在的战功，而战功的真凭实据，莫过于首级。

对战功与敌人首级的狂热追求，西方研究者称之为武士的头颅收集（head-collecting），[2]恰恰是元朝同日本两次大战的图卷中浓墨重彩的一笔。当时流传至今的史料中，有一大批所谓的"军忠状"，即战功申报书，也就是武士们自己向镰仓幕府上报的功劳簿，无非是说明自己某年某月某日在某地同蒙古人作战，随从战死或负伤几人，斩得首级若干，等等，最后还有被拉来做证人的其他武士的花押。武士竹崎季长请人画的《蒙古袭来绘词》里面，还有一幅描述战后"首实检"的情景：在评定军功的办公室里，地板上撒了两颗"蒙古人"的脑袋。

在战国时期，文质彬彬的齐鲁君子，鄙夷西边野蛮武勇的秦国，骂它是"弃礼义而上首功之国"。秦王的说客张仪也顺势恐吓韩王：秦国人跟你们打仗，连盔甲都不屑于穿就冲过来了，

---

[1] 新渡户稻造著，张俊彦译：《武士道》，商务印书馆，1993年，第32—33页。
[2] Stephen Turnbull: *The Mongol Invasions of Japan 1274 and 1281*, Osprey Publishing, 2010, p.27.

左手提着血淋淋的人头,右胳肢窝下还挟着只剩半口气的俘虏("捐甲徒裼以趋敌,左挈人头,右挟生虏"),您说吓人不!老实说,镰仓日本的武士们差不多也是这样一群成天与"恣悍之风""凶强之技"打交道,打起仗来要争着割人首级的狂人。在孤悬万里之外的绝域,忽必烈的元朝大军要面对的就是这样一帮凶徒。

三、高丽的亲家和驸马爷

忽必烈确实还有个加分项,那就是介乎中国和日本之间的"小邦"高丽。

高丽王氏政权始于918年(五代后梁贞明四年),王建定都开城,兼并新罗、百济,结束了朝鲜史上的"三国时代"。王氏政权统一朝鲜半岛长达300年之久,历经中国的五代、辽、宋、金数朝,大抵相安无事。

13世纪初,蒙古帝国的势力向东扩张,与金朝展开了多次大战,在金朝统治下的辽东地区生活的"辽朝遗民"——契丹人趁机起来反抗女真统治,建立自己的地方政权,依违于蒙古和金朝之间,由此引发的战火也烧过鸭绿江,烧到了高丽境内。1217年,契丹叛军一度纵横半个高丽疆域,兵锋直达国都开城的宣义门,"焚黄桥而退,朝野大震"(《高丽史·崔忠献传》)。次年,成吉思汗派了两个蒙古将领哈真、札剌进入高丽地面,肃清契丹叛军。哈真和高丽军队的统帅金就砺一见如故,惺惺相惜，结为"安答"（兄弟），宴席中大碗饮酒，大块吃肉。按照蒙古风俗，雪亮的刀尖刺着一块滴着油的烤肉，递到你眼皮子底下，你犹豫迟疑，不张口就咬，那就是瞧不起我（"蒙古之俗，好以铦刀刺肉，宾主相啖，往复不容瞥"），高丽人吃得心惊胆战（"我军士素号勇者，莫不有难色"），多亏金就砺、赵冲等将领壮着胆子，"跪起承迎甚熟"（李齐贤《益斋乱稿》卷6《金公行军记》），才换来了与蒙古约和，允诺纳贡的几年太平日子。

这个"纳贡"带来的麻烦，实在出乎高丽人意料之外。蒙古人完全没有汉唐君主那些个假惺惺的体面和客气，不到四年，索贡的使臣就来了七拨，上至成吉思汗的"皇太弟"铁木哥斡赤斤，下至各蒙古大臣，无不想从高丽这里刮走一层油水。1223年，蒙古又借口索贡使臣中途被暗杀，不但派大军残破高丽边城，索要"好金银、好珠子、水獭皮、鹅岚好衣服"等等，否则就要大开杀戒，而且，他们开出的停战价码，高得令人不敢相信：

> 你与金银、衣服，多合二万匹马驮来者，小合一万匹马驮来者。我底大军离家多日，穿将来底衣服都坏了也。一百万军人衣服，你斟酌与来者。除别进外，真紫罗一万匹你进呈将来底……王孙男孩儿一千底，公主、大王每等、郡主、进呈皇帝外，大官人每女孩儿亦与来者，你底太子、将领、大王、令子并大官人男孩儿要一千个，女孩儿亦是一千个，进呈皇帝做札也者。

《西游记》里小儿国的妖怪"国丈爷爷",要取小儿心肝做药引子,指望长生,才要一千一百一十一个孩儿;"蒙古爷爷"来了,开口就要三千个。再懦弱的政权,面对这样空前绝后的勒索,也不好忍气吞声。何况,高丽王氏政权内部当时还是个武将跋扈的局面。

1196年,崔忠献发动政变,用他的崔氏武人集团取代了李氏武人专政。崔忠献在《高丽史》中的形象,和中国史书里面描写的跋扈权奸没多大区别,"权倾人主,威震中外,人有违忤,立见诛戮"。更有甚者,因为树敌太多,怕遭人暗算,高丽军队中的身体素质好、能打仗的,都被选到了崔家,充当他们父子的私兵。"官军羸弱不可用",而崔家的家丁"自左梗里至右梗里,作队数重,连亘二三里"。契丹叛军来犯之际,崔家拥兵自保,才造成了前面黄桥被焚、朝野震惊的闹剧。

崔忠献死后,武人政权的代表是他的儿子崔怡。除了穷奢极欲不亚于其父,崔怡还是个很有幽默感的人物。崔怡上台之后,高丽的文武百官要到他的私第中汇报政务,他"坐厅事受之,六品以下官,再拜堂下,伏地不敢仰视",他还不满足。听说蒙古帝国中央官僚机构中执掌文书和行政大权的书记官,叫"必阇赤",崔怡一时兴起,在自己家里也搞了一个"政房","选文士属之,号曰'必阇赤'",专门负责铨选官吏,高丽国王只有签字批准的份儿。

1232年春天,正是在以崔怡为首的一干主战派武人的怂恿之下,高丽王(高宗)带着百官和百姓,迁都到了开城西南方向海上一个三面环水的小岛——江华岛。惹不起，还躲不起吗？高丽人打算把战争拖下去。

从这一年开始直到 1270 年，这近四十年中的蒙古和高丽的关系，大概可用两个词来概括，即"三十年抗战"和"出水就陆"。"三十年抗战"与本书主题关系不大，"出水就陆"则代表了元丽关系走向了一个新的阶段。这对于忽必烈征日本，可谓至关重要。

"出水就陆"，无非是蒙古软硬兼施，百般设法，诱使龟缩在江华岛的高丽政权搬回到陆地上来。但是，这几轮军事和政治攻势，只有到了 1259 年前后，蒙古和高丽都迎来了一波决定性的人事代谢，才真正有所起色。1257 年，崔氏武人集团的第三代崔沆暴病而死，他的儿子崔竩不久也被刺杀。1259 年 5 月，高宗去世。过了两个月，大汗蒙哥在四川前线突然去世。

这一年，高丽太子王倎受高宗派遣，正在朝见蒙哥的半途中。听闻现任大汗升天，便改道北上，正好和忽必烈相遇于金朝旧都汴梁。史称王倎身穿盛服，"迎谒道左，眉目如画，周旋可则"，风度令人倾倒。忽必烈对相面颇有研究，看人一向注重仪表，喜欢从臣子的"状貌步趋"判断其将来的成就，[1]一见之下，果然深得欢心。不久，王倎在忽必烈的支持下回国，在江华岛继位，是为高丽的元宗。

尽管高丽和蒙古断断续续打了快半个世纪交道，高丽最顶

---

[1] 见《元史》中的《田忠良传》《康里脱脱传》《杨赛因不花传》等。

层的决策者,还没有一个人亲眼见过蒙古帝国的最高统治者,也没有人亲身考察过全盛时期蒙古的国力。元宗是具备这两个条件的第一人。他深知,自己的这个弹丸之地,想要对抗如日中天的蒙古,无异于螳臂当车,不如驾着蒙古的东风,把自己旁落的大权多少收拾回来一点。所以,元宗登基以后,甘心冒着激怒权臣的风险,同忽必烈达成协议,按部就班从江华岛回迁旧都。1269年(元至元六年,高丽元宗十年),江华岛上发生了权臣林衍发动的未遂政变,反对迁都,逼迫元宗让位给弟弟安庆公。第二年,江华岛的守备部队,也是原来武人政权的倚仗——三别抄军,发生叛乱。这些动荡最终都在元朝的干预下,出现了有利于高丽王室的结局,进一步推动了元宗向蒙古靠近。

1270年(元至元七年,高丽元宗十一年),在江华岛上躲藏了30年的高丽朝廷,终于肯"出水就陆",再度把自己置于北方蒙古重兵集群的监控之下。受命监督元宗搬家的蒙古军,进入江华岛后,将城池"一炬为焦土"(王恽《中堂事记》)。

元丽关系发生根本转变的另一个标志,是忽必烈应元宗的请求,把自己的女儿忽都鲁揭里迷失公主[1],下嫁给高丽世子王愖,也就是后来的忠烈王。继忽都鲁揭里迷失之后,一共有8位蒙古公主许婚给了高丽王室历代君主,对高丽政治影响巨大,这是后话。

历史证明,王愖是比他父亲元宗更加能屈能伸(西方所谓flexible)的政治家。在与忽必烈接触的早期,他就表现出对蒙

---

[1]元朝后来封为齐国大长公主。

古风俗毫不排斥的姿态，1271年回国时，就已经"辫发胡服"。保守的高丽老人看了，"皆叹息，至有泣者"（《高丽史》卷28）。尽管和蒙古小公主的感情并不好，1274年，在大都完婚之后，王愖携公主回国，百官郊迎，他仍然坚持穿着蒙古服饰（"戎服"），和公主肩并肩坐一辆车入城，将政治婚姻的价值利用到底。果然，首都父老额手相庆，"不图百年锋镝之余，复见太平之期"。（《高丽史》卷28）

家也搬了，婚也结了，虽然对蒙古老丈人派来的人还是要低眉顺目，但至少不用看朝廷里跋扈武人的脸色行事，老父亲和新女婿心里多少舒坦了一些。可是，对忽必烈来说，这其实只是个开始。既然做了大汗的驸马（"古列干"），就必然要被绑在蒙古帝国的战车上，做出点实质贡献不可。这个"贡献"，在忽必烈的词典里，有三个义项，叫作"出军、助战、转粮"。

要是没有高丽的亲家和女婿，忽必烈远征日本的雄图，必然更加步履维艰。

四、东征军驻高丽前进基地

帮着元朝对付日本，高丽显然很不情愿。

夹在元朝和日本两大国之间，高丽王室的心态是十分复杂的。他们对于元朝，是又恨又怕。高丽上下已经认定了，"蒙古于夷狄中最为凶悍"（《高丽史》卷103《赵冲传》），以举国之力，把这尊煞神伺候好，就谢天谢地了。但是，对于这群来自北方草原的"野蛮人"，高丽人打心底里是瞧不上的。有这么个记载，说是1254年秋天，高宗的弟弟安庆公王淐，出使蒙古回国。他不敢直接去宫里见高宗，先派人禀告，自己因为去了一趟蒙古人那里，"久染腥膻之臭"，请过一夜再朝见。高宗回答说：自从你出发以后，我寝不安席，竟日求神拜佛，让你平安归来，好快点见面。你又没有染病，怎么能睡在外面？这样吧，你把身上穿的衣服烧了，换一身衣服，赶紧来见。（"悉焚尔所着衣，更衣即来"）两兄弟如此见面后，相对大哭（《高丽史》卷91）。

至于日本，向忽必烈进"谗言"的那个赵彝说得没错：比起元和南宋，高丽人对日本实情的了解，显然高出不止一筹。正因为如此，他们心里才跟明镜似的：镰仓幕府那些凶徒，岂是好随便招惹的？

最能说明高丽忌惮日本的证据，莫过于这件事：屡受忽必烈逼迫，高宗只好派了一个叫潘阜的人，给"日本国王"和九州的"太宰府"各递交了一封文书。给太宰府的书信里说，蒙古实在太厉害了，不低头不行（"大蒙古国强于天下，四方诸国无不宾服"），忽必烈让我们来传递消息，不敢不遵（"其旨严切，固难违忤"），后面还来了这么一句：

> 然念我国与贵国，敦睦已久，若一旦于不意中，与殊形异服之人，航海遂至，则贵国不能无嫌疑，兹用依违，

未即裁禀。[1]

这活脱脱就是在表态：我俩向来井水不犯河水，突然有一天，我带着一群奇装异服的（蒙古）人，跑到您家门口来了，这真不能怪我们，您千万多担待着点！

事实证明，高丽王朝对日本的判断是完全正确的。在忽必烈第一场远征无疾而终以后，镰仓幕府居然在全日本叫嚣着要搞"异国征伐"，把战争打回去，首当其冲的正是高丽。

两害相权取其轻。高丽人不得不给忽必烈干了许多吃力不讨好的活，包括供养元朝在高丽各地设置的屯田军队（第一批征日大军的基干部队），给元朝使节带路前往日本，甚至元宗亲自给日本国王写信劝谕，等等。其中最直接和最实际的则是给忽必烈未来的东征大军造船和配备水手。

1274年（元至元十一年，高丽元宗十五年），在忽必烈的催促下，高丽任命了三个造船官：东南道都督使金方庆，全罗道都指挥使许珙，罗州道指挥使洪禄遒。这三个官员威逼利诱，在全罗道、庆尚道等地一共招募了30500名夫役，带着他们浩浩荡荡地奔赴造船厂。造船厂就建在高丽全州道的边山和罗州道的天冠山，都是靠近海边、幽深高峻的大山。根据池内宏引用的各种地理书，边山是"峰峦盘回百余里，重叠高大，岩谷深

---

[1] 转引自乌云高娃：《元朝与高丽关系研究》，兰州大学出版社，2012年，第87页。

邃",天冠山也是"极高险",山中常年生长着数不清的参天大树;历朝修建宫室和舟船,在这两座山里伐木取材。[1]

按照元朝的要求,边山造船厂和天冠山造船厂打造的战船,是大船 300 艘,拔都鲁轻疾舟 300 艘,汲水小舟 300 艘。

大船又称"千料舟",是能载重 1000 石的运兵大船。宋朝有一种"海鹘船",头低尾高,前大后小,如鹘之形,可以削减横向风对船体的推力,在近海航行和作战。其中大者两侧各有 5 排橹,载重千料,可乘坐百余人。元朝要求的大船可能仿照了这种式样。

拔都鲁轻疾舟,谁也说不清楚是什么。以今天的眼光看,应该是用来抢滩登陆的冲锋舟。由于日本海岸水深不等,大船不能直抵岸边。尽管一开始敌人在登陆地点不大可能设置什么防御工事,也得用冲锋舟往返大船与滩头,尽快将第一批战斗部队送上岸,抢占立足阵地。"拔都鲁"的蒙古语意思是勇士,蒙古军队里有一种特种部队,叫作"拔都军"或者"八都鲁军",是专门用来当前锋、打硬仗的"死士"。由此可见,"拔都鲁轻疾舟"大概是预计登陆可能遭到抵抗而设计的一种轻型战斗运兵两用船,可能有点像中国传统的艨艟、斗舰,但体型偏小[2]。至于 300 艘汲水小舟,不用说,是为大船提供补给的后勤船队。

这是个勉强还算合理的舰队配置。

---

[1] 池内宏:《元寇の新研究》,東洋文庫,1931 年,第 120—124 页。
[2] 井上隆彦估计长约 15 米。

造船命令一下,高丽全国都不得安宁,"驿骑络绎,庶务繁剧,期限急迫,疾如雷电,民甚苦之"。为了不耽误预定的作战日程,总监督官金方庆提出,"造船若依蛮样",也就是南宋船的式样,"则工费多,将不及期"。征得元朝的同意后,改为根据"本国船样",也就是按高丽船式样建造。

过了半年,高丽专门派人向元朝的中书省报告:900艘船只已经打造完毕,当年六月十六日前,已经在金州(庆尚南道金海)停泊待命。万事俱备,只欠东风。再过一个月,屯驻在高丽南部海军重镇——合浦港的东征军,就要登船出海了。

第四章　没有硝烟的战场

一、赵良弼的最后心愿

大明殿的金色正殿上,安静得连自己的心跳声仿佛都听得见。

新任秘书监、日本国信使的赵良弼微微抬起头,望向御座上方那张熟悉而又陌生的面孔。

"Chi yaqu xelebeü？"(卿还想说什么？)忽必烈从老部下的态度中察觉到了什么,出声询问。

那一天,是1270年(至元七年)农历十二月初一,赵良弼正式受命出使日本的日子。12年后,赵良弼告别波诡云谲的大都政坛,退隐怀孟,竟日流连别业,怡情山水。每值天气清朗,他总会在近旁的一个碑亭前伫立良久,凝望失神。碑上字迹如新,仿佛昨日才新镌上石。这时候,回想起那天自己不知从哪里寻来的一股勇气,他仍然深感庆幸。

这是赵良弼当时的回奏:

臣父兄四人，死事于金，乞命翰林臣文其碑，臣虽死绝域，无憾矣。(《元史·赵良弼传》)

良弼出自女真人赵氏家族，世代在金朝做官。金末，蒙古大军南下，良弼的父亲、金朝威胜军节度使赵悫，良弼的兄长赵良贵，还有子侄辈的赵说、赵良材，都在保卫西北重镇太原城的激战中壮烈牺牲。杀人的自然是蒙古兵。即使赵良弼与忽必烈相识极早，当时忽必烈还只是一介藩王；即使蒙古与亡金的恩怨，早已不是什么了不得的芥蒂，求一个蒙古皇帝批准立碑表彰抗蒙烈士，仍然是一件难于启齿的事。更何况，自李璮叛乱以来，忽必烈对几位昔日汉人谋士的宠信一日不如一日。寻求最合适的时机，为父兄立碑正名，聊慰忠魂，成了赵良弼十余年颠沛流离的政治生涯中，最念念不忘的一件心事。

《元史·赵良弼传》记载，当良弼看到忽必烈几次遣使日本都无功而返，便主动请缨。忽必烈皱着眉头说："你一把年纪了，还瞎折腾啥？"("帝悯其老，不许，良弼固请")笔者实在找不出赵良弼不顾劝阻，非得冒万里波涛，投身绝域的理由，只好将之归于他的一片纯孝。他等的就是忽必烈开口询问他最后心愿的那一刻。

数千年来，这一问，仿佛是个颠扑不破的惯例。

这是因为，数千年来，出使外国，从崇尚气节与荣誉的两汉以降，就不是一个特别能吸引人的任务。世代簪缨或世传经学的家族子弟，可以借着种种特权，"平流进取，坐至公卿"，而与那些杀机重重、迷雾笼罩的异国海岛有缘的人，则多是怀有侥幸之念的寒士、冒险家或军人。汉通西域之后，游侠无赖和冒险家蜂拥而至，争相要求出使外国。汉武帝笑逐颜开，不问出身，一概"予节"。这些人回来后，不免有些小过错，武帝便顺水推舟，都定个重罪，让他们戴罪立功（"辄覆重按致重罪，以激怒令赎"），"使端无穷，而轻犯法"。这就根本不把他们当良家百姓看待（《史记·大宛列传》）。辽代有一种刑罚，居然叫"罚使绝域"，更是将使节和流放犯等而视之了。

哪怕到了晚清，谁也都不愿放着好好的京官不做，出使外国，因为大伙都觉得，这真是个危险的差事，"不是在路上海洋里翻船淹死，就是到了外国给洋鬼子杀死或扣留。被派的人嘴里感戴天恩，心里暗暗叫苦叹晦气"。1867年（同治六年），清廷第二次选派使节，副使满人志刚，奉命到养心殿"叩谢圣主天恩"。慈禧太后首先要问一句："汝有老亲否？"志刚奏对："奴才父母皆已去世。"钱锺书先生点评说："一问一对只两句话，言外之意却很丰富。出洋是九死一生的勾当，而中国'以孝治国'，主子少不了口头照顾一下'父母在，不远游'的古训。"[1]

历朝历代的统治者，如果放不下架子，使不出汉武帝那样卑鄙的手段，就只好像忽必烈和慈禧一样，临行前免不了要口头照顾一下出使者的孝心。在志刚，大概是表示，自己一身并

---

[1] 钱锺书：《汉译第一首英语诗〈人生颂〉及有关二三事》，《七缀集》，三联书店，2002年，第149页。

无牵挂，亦不求什么封赠诰命之类。赵良弼，却抓住这个无比宝贵的机会，终于实现了自己背负多年的夙愿。

赵良弼带往日本太宰府的国书，后来被一些学者称为元朝下达给镰仓幕府的"最后通牒"。与此同时，蒙古驻扎在高丽北部的精锐部队，在忽林失、王国昌、洪茶丘三名将领的统率下，也悄悄向南移动，护送赵良弼一行到达朝鲜半岛南边的金州，并以备战态势等待他平安返回。

这是忽必烈正式开战前6次遣使招谕日本的第5次。

这6次遣使，实在是讲述元日战争无法略过的一笔。在元朝士兵和镰仓武士在今天日本福冈县附近的海边面对面厮杀之前，这两个国家还打过两场没有硝烟的战争。这是第一场。

二、海边的闹剧

1266年（元至元三年，高丽元宗八年，日本文永三年）农历八月，忽必烈向日本派出了第一个携带正式国书的招谕使团。正使名叫黑的（Qedi），应该是个蒙古人；副使名叫殷弘，多半是个汉人或女真人。黑的等人携带的招谕日本文书是这些写的：

上天眷命，大蒙古国皇帝奉书日本国王：

朕惟自古小国之君，境土相接，尚务讲信修睦。况我祖宗，受天明命，奄有区夏，遐方异域，畏威怀德者，不可悉数。朕即位之初，以高丽无辜之民久瘁锋镝，即令罢兵还其疆域，反其旄倪。高丽君臣感戴来朝，义虽君臣，欢若父子。计王之君臣亦已知之。高丽，朕之东藩也。日本密迩高丽，开国以来，亦时通中国，至于朕躬，而无一乘之使以通和好。尚恐王国知之未审，故特遣使持书，布告朕志，冀自今以往，通问结好，以相亲睦。且圣人以四海为家，不相通好，岂一家之理哉。以至用兵，夫孰所好，王其图之。

在这封探路信里，忽必烈引古证今，援事析理，开导备至，若非隔海相望，不能畅所欲言，实则他还有好些心里话想向"日本国王"吐露。然而，这样一封煞费苦心的国书，却因为一连串荒谬的事件，差点就进不了日本国境。

原来，忽必烈寄予厚望的黑的、殷弘使团，当年入冬就顺利抵达高丽，并由高丽国王元宗派了一个叫宋君斐的人陪同出发去日本。一行人一路游山玩水，来到高丽南部海边的巨济县。那天清早，一向平静的海上风云突变。后来元宗在给忽必烈的报告中渲染说：

　　遥望对马岛，见大洋万里，风涛蹴天（《高丽史》卷26）。

素来不惯舟船的北方人看见这番景象，无不心惊胆战，想起此去就算不被大风吹至遥远而陌生的异国海岛，到了对面那个民俗顽犷之地也是九死一生。一些低级随员还没有从公费旅游的美梦中回过神来，不禁抽泣出声。大家异口同声，要求原路返回。在场的谁都没有发现，正使黑的大人的眼神中，一缕狡黠的光芒一闪而逝。

黑的、殷弘使团在巨济海边的那一幕，像极了汉和帝年间，受班超之托出使大秦（罗马帝国）的甘英。据说甘大使到了安息西界，望见波斯湾白浪接天，一望无涯，安息的船夫又骗他说："海水广大，往来者逢善风，三月乃得度，若遇迟风，亦有二岁者"，而且"海中善使人思土恋慕，数有死亡者"。（《汉书·西域传》）吓得甘大使赶紧回来了。

"黑格尔在某个地方说过，一切伟大的世界历史事变和人物，可以说都出现两次。他忘记补充一点：第一次是作为悲剧出现，第二次是作为笑剧出现。"这是马克思在《路易·波拿巴的雾月十八日》开篇的第一句话。如果说甘英出使大秦未果，还有些悲剧色彩的话，那么，蒙古使团在巨济岛上的表现，就只能说是一出笑剧了，而且，还是有人故意安排导演的笑剧。[1]

黑的这个蒙古人，从后来的种种事迹看，是个老实本分的人。元初理学家许衡说，"国人"（蒙古人）都比较朴实，没有汉人那么多心眼，大概也是对的。这一出"甘英使大秦"，黑的自己是唱不来的。那么，这出剧是谁一手策划的呢？此人居然

---

[1] 旗田巍就直接将黑的使团畏风而回的一幕，称为"芝居"（戏剧）。见旗田巍：《元寇——蒙古帝国の内部事情》，中央公論社，1965年，第56页。

是个高丽人。

三、李藏用导演戏中戏

事情要从一个月前说起。那年的十一月深秋，蒙古使团到达高丽政权的临时避难所——江华岛。一行人刚刚在简陋的馆驿中安顿下来，夜里就有人神神秘秘地给正使黑的送来了一封信，信上题署"李藏用顿首"。看到这个名字，黑的登时心中一惊，即便他没听说过"李藏用"这个汉文名字，高丽国的"阿蛮蔑儿里干·李"可是如雷贯耳。

李藏用何许人也？他在高丽朝廷的一长串头衔是"中书侍郎平章事，加太傅，判兵部事，太子太傅"，《高丽史》的《李藏用传》评价他："美风仪，性聪明"。这人博学多才，经史子集、阴阳天文医术音乐无所不通，是元宗身边的一个智囊，主要职责就是周旋于蒙古朝廷和高丽之间，化解矛盾，时不时打打太极、搞搞掩护。

《李藏用传》记载，有一次，李藏用陪同元宗入朝忽必烈。当时大都还有个投靠蒙古的高丽宗室，叫作永宁公王綧。王綧讨好忽必烈说，高丽一共有38000人的军队，打日本正好用得上。忽必烈授意自己的宰相——元初一代名臣——史天泽把李藏用叫到宰相官厅（中书省）当面询问。谁知李藏用抵死不肯承认，说："那是三百多年前我朝太祖时候的兵数，其实哪有那么多人！您要不信，我甘愿和王綧一起回去点数。如果王綧说得对，就砍了我的头；如果我说得对，就砍了王绰的头。"王绰站在旁边，吓得面色惨白，不敢吱声。

史天泽不甘心，又问："那你们高丽州郡户口到底有多少？"李藏用想都没想，干脆回答："不知道！"史丞相涵养虽好，也有点生气了："你是高丽国相，怎么可能不知道？"李藏用抬手一指堂上的窗户格子，问："丞相以为凡几个？"史天泽只好摇头说不知道。李藏用喘了口气说，"小国州郡户口之数"，有专门官员负责清理登记，"虽宰相，焉能尽知？"怼得史天泽满脸通红。还有一次，他又在忽必烈御前和别人争辩高丽没有那么多军队，还振振有词："皇上跟前我不跟你吵！"（"至尊前不当争辩。"）气得忽必烈大喊："住口！别说了！"

《高丽史》记载，这么一来二去，李藏用在蒙古朝廷得了个外号，叫"阿蛮蔑儿里干·李"。阿蛮，大概是蒙古语"口"（aman），蔑儿里干（mergen）是蒙古语"聪明能干"，合起来就是说李藏用口齿伶俐，能言善辩。"阿蛮蔑儿里干·李"，就有点像"铁齿铜牙李藏用"。李藏用泼辣而不失机智的风采，在大都还赢得了不少中国崇拜者，还有给他画肖像相赠的（"至有写真以礼者"）。

铁齿铜牙的李藏用在给黑的的书信里怎么说？这封信有一多半内容，是在教黑的回去怎么应付忽必烈。李藏用一开始就拿出一副换位思考、推心置腹的态度说：你带的这封国书，当初不如不写（"尺一之封，莫如不降之为得也"），日本历来对中国就不曾"岁修职贡",隋朝时还给中国天子写信说,"日生处天子,致书于日没处天子",你看看多没礼数!贵国这封信一到,换回来个"骄傲之答""不敬之词",大家面子上都不好看;如咽不下这口气,海上又天气险恶,"非王师万全之地"。你回去跟大汗说,就这么放着日本不管,"任其蚩蚩自活于相忘之域",大家都好过。信里另一小半内容,则是夹杂了些"阻海万里""蜂虿之毒""风涛艰险"等字句,打算搞点心理暗示,让黑的自己也知难而退。

当天夜里,黑的失眠了。他把这封信翻来覆去看了几遍,左思右想,怎地不是这个理!两人一来二去,于是有了前面巨济海边的那一幕。那是他们联手导演的双簧。

更奇的是,在黑的一行人从海边回来,半是忐忑半是庆幸,准备收拾行李回国的时候,又发生了一件戏剧性的事。《高丽史》说:

> 藏用度日本竟不至,将累我国,故密谕黑的,欲令转闻,寝其事。王以其不告,疑有二心,即配灵兴岛。

另一个负责接待蒙古使团的高丽人潘阜也受了连累,流放"彩云岛"。据说,那天潘阜还在自己家请黑的喝茶闲聊,联络感情,突然遭到高丽武士"突入曳出"。黑的吓了一跳,赶紧大声呵止逮捕潘阜的官员,又赶去在元宗面前坚决替李藏用等人说情。

现代研究者多赞同《高丽史》的观点,认为李藏用这些"办洋务"的官员在中间自作主张,把忽必烈的使团哄回去,却没有禀告元宗,做得过分了,元宗怀疑他们"有二心",才有此一举。笔者却非常疑心,潘阜家中这一幕,和巨济海边的那一幕,都是出自同一人之手。李藏用素称"恭俭沉重",这么一个心思玲珑、老谋深算、从不站错队的人,怎么会不经过元宗的首肯而做出这么大的事来?要抓潘阜这么个小官,只需要下一纸诏书,让他自缚投狱,又有什么难?何须如此兴师动众。何况,为了避免蒙古外交官可能干预,更应该实施秘密抓捕,居然偏偏要趁黑的在的时候,堂而皇之逮人。若说其中没有演戏的成分,笔者是不信的。

大概李藏用和元宗私底下合计,蒙古使团无功而返,万一黑的口风不严,或者忽必烈识破了花招,天威一怒,元宗王位不保且不说,君臣性命都有危险。所以,这出"苦肉计"一是为了以办案为借口,先从黑的手里把李藏用那封劝诱信弄回来,以免落人把柄;一是将来忽必烈追查下来,方便元宗撇清关系,划清界限。有什么过错,底下"办洋务"的几个人承担便是了。

这出戏中戏,演得比海边的还要成功。看看《高丽史》紧接着说了什么:一看高丽武士破门而入,穷凶极恶,拽住涕泗交流、可怜兮兮的潘舍人的衣领,老实巴交的黑的不禁义愤填膺,马上就把李藏用的信交给了高丽人("乃还藏用书"),拍胸脯保证:"我若归奏此书,幸而听乎,天下之福也;如不之听,于汝国亦有何罪？"结局自然是李、潘二人连流放岛屿的影子都没见到，就"皆获免"了。

忽必烈寄予厚望的第一次遣使日本，便以这样戏剧性的方式落幕了。

四、大间谍登场

可是，无论元宗还是李藏用，甚至连黑的，都大大低估了忽必烈征伐日本的决心，也低估了老皇帝的智商和气度。

黑的回国不久，忽必烈就给元宗发了一通语气严厉的训斥信，说：高丽航海至日本，朝发而夕至，我不知道？高丽人在大都的又不止一两个，"卿之计亦疏矣！""卿前后失言多矣！""宜自省焉！"你成天把"圣恩天大，誓欲报效"挂在嘴边，何不拿出点实际行动来！（《高丽史》卷26）

无奈之下，1267年（元至元四年，高丽元宗八年，日本文永四年）冬天，元宗只好给潘阜加了个"礼部侍郎"的虚衔，派往日本。潘阜这次不仅携带了上次没送到的忽必烈诏书，还带着前面那封形容蒙古人为"殊形异服之人"的"道歉信"。镰仓幕府把潘阜一行羁押在了太宰府5个月，"馆待甚薄"，连封回信都没有就打发回来了。

1268年，高丽人的老相识黑的、殷弘，又在高丽的申思佺等人引导下前往日本，刚到对马岛就被拦了下来，只好抓了那两个渔民塔二郎、弥二郎回去交差。

1269年，高丽负责把从大都万寿山游玩回来的两个日本渔民送回日本，同时派金有成向幕府递交蒙古的牒文，依然无功而返。

就这样，忽必烈耐着性子派出前后四拨使节，不用说臣服，甚至没有换回幕府半个字的答复。

正是在这个尴尬的时刻，赵良弼不失时机地出现了。

笔者怀疑，赵良弼这次出使日本，与前四次有着根本区别。一是忽必烈大概下了死命令，"期于必达"，并且一定要得到日本方面的表态，此去艰苦非常；二是赵良弼大概还肩负着搜集开战前的关键情报的任务，倍加凶险。只有如此，才能解释他为什么陛辞时提到"虽死绝域"这样大不吉利的话，在日本又反复以"斩首""自刎"相逼。

真正有意思的是赵良弼的后一个任务。其实，赵情报官做这种事，已经不是第一次了。在蒙哥死后的皇位争夺中，为了保证蒙古军在陕西的势力不倒向阿里不哥，忽必烈就曾派良弼去当地"察访秦蜀人情事宜"。赵良弼不到一个月就完成了任务，回来汇报当地各宗王和将领的兵力强弱、部署和思想动态，如数家珍，又附上了相应的对策，帮助新生的忽必烈政权顺利安定了川陕地区：

> 宗王穆哥无他心，宜以西南六盘悉委属之；浑都海屯军六盘，士马精强，咸思北归，恐事有不意；纽璘总秦、川蒙古诸军，多得秦、蜀民心，年少骛勇，轻去就，当宠以重职，

疾解其兵柄；刘太平、霍鲁怀，今行尚书省事，声言办集粮饷，阴有据秦、蜀志；百家奴、刘黑马、汪惟正兄弟，蒙被德惠，俱悉心俟命。

赵良弼总能顺利完成任务，自有一套看家本领。除了《元史》本传夸他"明敏，多智略"，他出使日本前，还有人劝阻他的副手张铎：赵公这人，不只专断，还果于诛戮（"好权喜杀"），不好共事啊！（虞集《道园学古录》卷11《题赵樊川与张侯手书》）。从这句话，多少能窥见赵情报官性格的另一个侧面。大概只有这样的人，对付油盐不进的日本，才有些许胜算。

话说回来，以使者而兼间谍，在古代本是稀松平常的事，不必遮遮掩掩。《孙子兵法》的"六间"中，"生间"就是指活着回来报告的间谍，使节自然是其中一种。北宋的外派使节（"国信"），并不归礼部管，而归"专以兵机军政为职"的枢密院（《文献通考·职官考》），正是为了方便搜集军事情报。中国古代较早且较著名的使节兼情报官，要数西汉的刘敬。刘邦打算进攻匈奴，匈奴人把良马劲卒都藏起来，汉使前后去了好几拨，看到的都是些老弱病残，回来报喜："匈奴易击！"刘敬只去了一趟就识破了匈奴人的花招。这时，汉军30多万已经出发了。刘邦自信满满，不理睬刘敬的谏言，给他关了禁闭，还骂他："齐虏！以口舌得官，乃今妄言沮吾军！"结果，刘邦果然中了冒顿单于的埋伏，被围困在白登七天七夜。刘邦脱险以后，把那十几个向他报喜的使者都杀了，封刘敬为关内侯（《汉书》卷43

《郦陆朱刘叔孙传》)。

确实，在那个没有卫星、无人机和雷达站，只有靠肉眼搜集情报的时代，雇佣一些文化水平不高的人潜入敌境充当"细作"，这样搜集来的情报，档次必然不高，哪里比得上外交使节堂而皇之，可直达敌人的权力中枢？这些高级情报官凭借洞察力搜集到的信息，才是对决策影响巨大的关键情报。紧随着这些使节脚后跟而来的，不是满载礼物的驼队，就是武装到牙齿的大军。

古人对这些使节情报官的真正作用，自是心照不宣。派出使节的一方不用说，迎接使节的一方也往往要些小花招，混淆视听，比如故意带着使节走一条远路，绕开某些关键地区。一些脾气暴躁的使节，走了上千里冤枉路，不禁要破口大骂。北宋的阎询出使契丹，接伴使王惠带着由松亭迂路前往靴淀。阎询大声质问对方："岂非夸大国地广以相欺邪？"

蒙古人生存的那个世界，使节自然也兼职间谍。法王路易的使节鲁布鲁克回忆说，他亲耳听见蒙古大汗对一个使节说："认真观察道路、国土、人物和他们的兵力。"元太宗窝阔台在打金国之前，就派了一个名叫速哥的蒙古人出使，临行前对他说："即不还，子孙无忧不富贵也！"负责接待的金国官员把速哥"闭之舟中，七日始登南岸，又三旬乃达汴"，就差没拿布条蒙上眼睛，仍然被他打探清楚了沿路的"地理厄塞、城郭人民之强弱"。后来，蒙古军渡黄河遭到金兵阻截的时候，正是速哥导引他们"乘阵西策马涉河"（《元史》卷124《速哥传》）这一幕，在元朝征日本的战争中重新上演了。

五、上智为间

1270年（至元七年）农历十二月初一日，赵良弼从忽必烈手中接过的，就是上面这样一个极度危险的双重使命。古代的兵家提倡用有大智慧的人来刺探情报，"昔殷之兴也，伊挚在夏；周之兴也，吕牙在殷。故明君贤将，能以上智为间者，必成大功。"（《孙子兵法·用间》）说那些大政治家如伊尹、姜子牙都在敌国做过间谍，或许只是恶意的揣测，赵良弼倒确实是忽必烈的"上智"，至于能不能"成大功"，我们且拭目以待。

赵良弼的"上智"，从奉命出使的当天就表现出来了。当时忽必烈担心赵良弼的安全，打算给他派3000军队当护卫（"给兵三千以从"），良弼坚决推辞。如果出使顺利，带着这么多帮闲打手，反而坏事；果真遇到不测，3000名士兵在敌人的地盘上又无异于杯水车薪。光是看这一点，他就比后来的廉希贤高明许多。5年后，元朝大举南下攻宋的战争打到一半的时候，忽必烈派廉希贤出使南宋朝廷。廉希贤到了元军在前线的总指挥部建康，求大帅伯颜派些军队护送他们经过交战区。伯颜劝他："行人以言不以兵，兵多，徒为累使事。"廉希贤固执不听，结果走到独松关的时候，一行人被南宋守将杀得干干净净。

当然，赵良弼也十分清楚，单枪匹马显然难以完成情报搜集的重任。所以，他精心挑选了24名使团随员。路过高丽后，这个使团的规模扩充到了百人左右，足以有所作为。从这一点看，赵良弼也比后来的王积翁高明。14年后，忽必烈又派遣南宋降人王积翁同一个叫如智的禅僧前去招谕日本。这两人轻装单舸，收拾了些佛经佛像当见面礼，便率尔从庆元港出海，还没望到日本海岸，半道就被不愿意去日本冒险的船夫给杀了，抛尸大海。过了很久，元朝才知悉他们的遭遇。

1271年（元至元八年，日本文永八年）农历九月十九日，赵良弼使团在日本筑前国今津（《元史》作"金津"）登岸，只在日本方面的史书《五代帝王物语》中留下了"异国人赵良弼以百余人来朝"的简单记录。此后他们在日本的活动，《元史·日本传》留下了详细记载，依据的显然只是赵良弼回国后的一面之词：

> 舟至金津岛，其国人望见使舟，欲举刃来攻，良弼舍舟登岸喻旨。金津守延入板屋，以兵环之，灭烛大噪，良弼凝然自若。天明，其国太宰府官陈兵四山，问使者来状。良弼数其不恭罪，仍喻以礼意。太宰官愧服，求国书。良弼曰："必见汝国王，始授之。"……索书不已，诘难往复数四，至以兵胁良弼。良弼终不与，但颇录示之。后又声言：大将军以兵十万来求书。良弼曰："不见汝国王，宁持我首去，书不可得也"。

从上岸差点就和当地人发生火拼，到月黑风高夜，今津守派人在使团下榻的木屋外"灭烛大噪"，再到清晨起来忽然发现四面山头都站满了背着小旗、杀气腾腾的日本兵,使团在日本的冒险不可谓不惊险刺激。其实,一切无非是为了衬托赵良弼"凝然自若"、置生死于度外的胆气——元人写的墓碑更是赞扬他夜里"投床大鼾,恬若不闻"。

至于赵良弼以"不恭罪",当面指责日本"太宰府官",对方"愧服",也只能看作元朝一厢情愿的想法。在古代中国,大凡这类涉外记载,免不了要刻意贬低一下对方,照顾一下我方脆弱的自尊。就像英使马戛尔尼带来的国书,起首明明把英王乔治三世写成"最神圣的陛下,上帝青睐的大不列颠、爱尔兰和法兰西之王,四海的霸主,信仰的守护者",递到乾隆皇帝眼前,就成了"英咭唎国王热沃尔日敬奏,中国大皇帝万万岁……恭维大皇帝万万岁,应该坐殿万万年"。[1]我们完全可以原谅赵良弼这点微不足道的虚荣。

赵良弼见到的这个"太宰府官",叫作少式武藤资能,是后来日本两大抗元名将的父亲。少式资能好几次向赵良弼索要国书原本,良弼坚持不给,甚至放言:如果强夺,便"自刎于此"。[2]综合日本的《吉续记》等零星记载看,倒确有其事,并非事后吹牛。虽然这些话多是做做样子——并未像出使匈奴的苏武那样,真个"引佩刀自刺""气绝半日复息"——日本人也

---

[1] 王宏志:《马戛尔尼使华的翻译问题》,台湾"中研院"《近代史研究所集刊》第63期,第130页。
[2] 良弼以"自刎"相威胁,见他在太宰府给镰仓将军和天皇的书状,《镰仓遗文》卷14,10884号文书。转引自乌云高娃:《元朝与高丽关系研究》,第100页。

拿他没有办法。

由于镰仓幕府毫不妥协，赵良弼使团也没有取得什么新的外交进展。使团滞留日本的光阴，倒不是每天都寝食不安、剑拔弩张。当代的研究者还发现了赵良弼和筑前国禅僧南浦绍明的诗文酬唱，和尚奉承他是"外国高人来日本，相逢谈笑露真机"。(《圆通大应国师语录》卷下《偈颂》)[1]平安无事过了春节，1272年正月，赵良弼从对马岛出发，带着元朝和幕府均不承认的"伪日本使"弥四郎等12人回到高丽。他先派自己的副手张铎回大都报告出使情况，自己却留在了高丽。这已是变相承认：外交使命失败。

同年十二月，赵良弼和张铎再次从高丽出发，前往日本。这一次，赵良弼在日本太宰府滞留了大半年时间。在这段时间里，他想了什么，做了什么，不曾留下任何记载。今天我们只知道，《元史·世祖本纪》记载，1273年六月，当赵良弼最终回到大都谒见忽必烈时，"具以日本君臣爵号、州郡名数、风俗土宜来上"。

不难想象，那天或许是个略微闷热的夏日，忽必烈没有在大明殿的正殿，而是在一侧的香阁接见了赵良弼。良弼刚刚走进香阁，便感受到了其中的紧张气氛，因为，整个元朝的决策中枢，除了侍立在御座前方的大怯薛长外，中书省的一众宰执，

---

[1] 转引自于磊：《〈元史·日本传〉会注》，《元史及民族与边疆研究集刊》第31辑，2016年，第150页。

枢密院知院以下的高级机要官员，都悉数在两侧列席。

忽必烈放下手中的纸卷，那是赵良弼回来后把自己关在书房里整整一个月写出的出使日本报告书。不过，报告书只是情报综述，所谓"君臣爵号、州郡名数、风俗土宜"。忽必烈现在要的，是一个最终的结论或者预判（prognosis）。

老皇帝意味深长地看了他一眼，没说话。这一眼，良弼心中雪亮，这是要一个肯定性的结论，因为朝中，特别是在汉人儒臣当中，反对出兵日本的声音一直不曾沉寂。然而，《元史·日本传》记载，良弼却说：

> 臣居日本岁余，睹其民俗，狠勇嗜杀，不知有父子之亲、上下之礼。其地多山水，无耕桑之利，得其人不可役，得其地不加富。况舟师渡海，海风无期，祸害莫测。是谓以有用之民力，填无穷之巨壑也。臣谓勿击便。

这就是元朝东征军在合浦港登船出海前，元朝高层获得的最后一份真正的宏观战略情报。但是，赵良弼最想说的那句话："最好不要出兵"（"勿击便"），忽必烈一丁点也没有听进去。

第五章　隔海的较量

一、大黑天神对阵"二十二社"

　　1274年（元至元十一年，日本后宇多天皇文永十一年）农历九月的一天傍晚，在五台山最深处，峰峦明晦之间，有一座重兵层层围守的佛寺。寺中的天王殿上，烟气缭绕，琉璃灯盏中火光摇曳。数百名身穿红色僧袍、头戴高帽的西番和尚，正结跏趺坐闭目祈祷。其中有人手持数珠，更多的则是持着形状千奇百怪的法器，口中念念有词。精通梵文的人如在一旁偷听，或许不难明白他们口诵密咒的大意："黑色短身大威雄，制服暴恶右勾刀。嗔怒足踏地震动，怖畏哮吼摧须弥"，云云。

　　这百余名番僧，分五色方位围坐成一个奇特且复杂的阵形，在中央，却不是宝相庄严、慈眉善目的佛菩萨像，而是一尊"青面裸形"的神像，只见它"右手擎一裸血小儿，赤双足，踏一裸形妇人，颈环小儿骷髅数枚"（郑思肖《心史·大义略叙》），狰狞可怖。

这尊愤怒的神像面向东方。这个方向的万里之外,就是元朝大军即将踏上的那个岛屿。这正是忽必烈为即将从高丽合浦出发的东征军举行的秘密佛事,持续七日七夜。

秘密佛事供奉的这尊神祇,名叫摩诃葛剌(Mahākāla),在藏文中又叫"大黑天",是藏传佛教的护法神。经西夏传入蒙古后,从成吉思汗时代起,蒙古军远征四海,便常在大黑天跟前举行战祷,祈求胜利。进攻南宋前,忽必烈命令来自尼泊尔的巧匠阿尼哥塑造大黑天神像,请求帝师八思巴向大黑天祈福(《汉藏史集》)。南宋的护国战神,披发仗剑、脚踏龟蛇、斩妖除魔无往不利的武当真武大帝,据说就败在了这个"黑煞"之手,狼狈逃脱。传说在元兵围攻襄阳之时,城内居民祈求真武保佑,结果得到的神谕却是:"有大黑神领兵西北方来,吾亦当避。"元军一路势如破竹,横罹兵灾的南宋百姓还常见"黑神出入其家"(《佛祖历代通载》卷22)。后来,南宋的小皇帝被俘北上,路过大黑天的神庙,惊讶地说:"我们军队见到的大黑人原来就在这里!"

法力无边,连真武也要忌惮三分的大黑天跨过波涛东来,上前迎战的自然是日本列岛的护国神佛们。前面说过,在两军明刀明枪、喋血海岸之前,元朝和日本已经打了两场没有硝烟的战争。这正是第二场。

日本一方,不算上佛教一系动辄以亿万计的诸梵天王,根据《古事记》《日本书纪》,单单本土神道也有"八十万神""八百万神"。所以日本这边不仅阵容庞大,有人数上的倚仗，而且准备充分，下手极早。

早在传闻蒙古人要来的时候，日本的公家（朝廷）和武家（幕府），就着手在京都、镰仓和日本各地举行所谓的"敌国降伏之祈祷"。祈祷场所主要是皇宫，京都公卿、将军和幕府执权的御所，还有所谓的"二十二社"（伊势大神宫、石清水八幡宫、贺茂下上社等神社）以及"七陵""八陵"（神功皇后以下的古代天皇山陵）。

1271年（元至元八年，日本文永八年）十月二十五日，携带"最后通牒"的赵良弼使团刚刚踏上日本国土，现任天皇的哥哥后深草上皇，就亲自跑到供奉武神的石清水八幡宫，祈祷"异国降伏"。这年十一月，号称"日本佛教之母山"的比叡山延历寺，在座主澄觉和尚的主持下，在总持院的真言堂修"盛炽光法"，历时七日七夜。

1274年十月末，元军来袭的急报自镇西抵达京都后，朝廷马上就向八陵派出了敕使，龟山上皇亲自向诸陵奉献"御告文"，祈祷"异贼之降伏"，随后又向十六社进献了币帛等祭品。同年十一月，比叡山延历寺又举行了一连串法事，名字听起来都非常厉害，有"金轮法""尊胜法""四天王法"等等，祈祷"异国降伏"。

还有一些禅宗的高僧大德，不待朝廷动员，就自觉加入祈求日本各大明王、武神击败外敌的行列中。山城国正传寺的住持东岩慧安，曾在南宋留学。元至元七年和八年，慧安连续两次向八幡大神献上了措辞激烈的蒙古降伏祈愿文，其中说道：

此是如意摩尼宝珠，此是金刚吹毛利剑。乾坤之中，何物能降？设三目八臂大那罗延遍满三千大千世界，亦能摧破不肖，何况蒙古？譬如以狮敌猫……[1]

说到底，同忽必烈请西番和尚念的那一套并无二致。

或许是天照大神、八幡大神和大黑天暂时还难分胜负，又或许高高在上的神佛，毕竟不能如荷马史诗《伊利亚特》中的希腊诸神，从奥林匹斯山下来亲自加入双方阵营中搏杀，仗还是得要凡夫俗子自己来打。我们且把目光从云端的较量转向地面，看看两军的首发阵容。

二、七拼八凑的东征军

根据日本学者竹内荣喜（陆军少将）和池内宏的考证，1274年（元至元十一年，日本文永十一年，高丽元宗十五年）农历十月初三，在合浦港集结登船的元朝东征军，总兵力一共是32300人，大小舰船900艘。其中，战斗兵员25600人，外加高丽的艄公、水手6700人。

两万多人的战力，大致可分为两大集团。一是元朝的蒙汉诸军，共20000人。其中，4500人来自元朝设在高丽海西道的屯田经略司部队，500人是洪茶丘的直属部队。为了充实这股兵

---

[1] 相田二郎：《蒙古袭来の研究》，吉川弘文馆，1982年，第60、86、90—91页。

力，在南宋前线已经捉襟见肘的忽必烈，忍痛从国内抽调了一批屯田军、女真军和水军，共15000人。另一集团是高丽将领金方庆等人统领的5600名（一说8000）高丽军。

蒙汉诸军是东征的主力部队，然而战斗力委实难以准确评估。

原属忻都的4500人中，一部分是四年前就被派到高丽从事军屯的"中卫军"。中卫（中翼侍卫亲军），是元朝中央的禁卫军，原有左右两翼，后改编为左、中、右三卫。侍卫亲军本是忽必烈即位后，从各地军队陆续抽调的"富强才勇""丁力壮锐"的士兵组成的，因此，这部分军队的战斗力应是不错的，但不会超过2000人。

这4500人中，应该还有一部分蒙古军。否则，按惯例，史籍不会将这支军队称为"蒙汉军"。《元史·本纪》记载，1274年农历十一月，也就是第一次东征结束后，忽必烈下令"召征日本忽敦、忽察、刘复亨、三没合等赴阙"。前三人都是东征元帅府的长官，三没合（Samuqa）可能是一个蒙古千户长。阿里不哥之乱后，纵横欧亚的草原蒙古军队，有过半归附忽必烈。1274年秋天，这些精锐的蒙古千户，大都分散在漠北、西北和南方江淮前线，参与东征日本的蒙古军不会太多。南宋人赞叹蒙古军的骑射"疾如飚至，劲如山压，左旋右折如飞翼，故能左顾而射右，不特抹鞦[1]而已"，并且机动力极强，"百骑环绕，可裹万众；千骑分张，可盈百里"。（彭大雅、徐霆《黑

---

[1] 指回身向后射。

鞑事略》）这毕竟是一支人数虽少，但经验丰富、实力强悍的野战军。

元军中另一支来历分明的部队，是原南宋襄阳守将吕文焕下属的"生券军"。口券是南宋发放给出戍军队的钱粮领取单据，分生、熟两种。襄阳生券军就是外地调来协防襄阳的部队，不同于领取熟券的本地军队。两年前，襄阳开城投降，被俘的熟券军大多就地安置，生券军经过挑选，仍未婚娶的青壮年士兵被送往大都听候处分。正为兵力不足发愁的忽必烈灵机一动，"释其械系，免死罪"，让他们自立部伍，发给甲仗，发配去遥远的高丽，"俾征日本"。

为了让这些"南方蛮子"安心打仗，忽必烈特意嘱咐枢密院给他们发了一笔钱，还派人到高丽搜刮女子给他们当老婆。这个使者在《高丽史》中被称为"蛮子媒聘使"，到了高丽，开口先要"无夫妇女一百四十名"，督办甚急。高丽朝廷被逼不过，只好专门设了一个叫"结婚都监"的官职，带人在大街小巷，"穷搜闾井独女，逆贼之妻，僧人之女"。好不容易凑够了数，每人发给12匹绢的嫁妆，就送入军营。这些苦命的女子被元朝士兵驮在马背上北还的那一日，回望故土，"哭声震天，观者莫不凄唏"。（《高丽史》元宗十五年）忽必烈从国内新调来的一万多名援军，其中很多当是这些或新婚宴尔、或翘首以盼的南宋归附军。

这样一支七拼八凑的"蒙汉诸军"，有日本学者评价是"以百战磨炼的纯蒙古人为中坚，纠合今日满洲和辽西方面的中国北民族编成的"精锐之师,[1]未免有望文生义、自抬身价之嫌。不过,客观地说,这样一支军队的战斗力,依然十分值得镰仓幕府正视。

三、诸公碌碌皆余子

军队七拼八凑,是那个动荡年代的常事。真正诡异的是这支军队的将帅组合。

为了出兵日本,元朝专门组建了征东都元帅府。这个机构的主官——征东都元帅,理所当然是元朝—高丽联军的总司令官,他的两个副手分别是右副元帅洪茶丘(高丽人)、左副元帅刘复亨(汉人)。

然而,就是这个总司令、都元帅,在《高丽史》和《元史》中,一会写作"忻都",一会写作"忽敦",如同玩笑。若是一人二名,同一篇史料,而且前后间隔不远,不应出现异写。何况,忻都之忻(qin)与忽敦之忽(qu),元音发音在蒙古语中舌位和唇形区别甚大,忻都这个名字,在当时能译写为忽敦的可能性几乎为零。若是两人,却未见任何史料做过交代,为何出征前三个月,忻都还好好的当着征东都元帅,临行之际忽然摇身一变,成了忽敦?真个扑朔迷离。

自池内宏的《元寇之新研究》迄今,懒得追究的研究者,干脆把他们当成一人。李则芬先生对忻都和忽敦名下的事迹做

---

[1]竹内荣喜:《元寇の研究》,雄山阁,1931年,第10页。

了梳理,发现存在不少分歧,基本可以肯定他们是两人。李先生推测,大概因为出兵当年,高丽的元宗突然逝世,忠烈王即位。新国王比较亲蒙古,招国人嫉恨。长期负责高丽统战工作的忻都不得不镇守王京,防范意外。于是,东征军的主帅也就临时换成了忽敦。[1]本书信从李先生之说。

忻都在《高丽史》中素称"长者",是个老成干练的蒙古政客;临危受命的忽敦,却很可能是经验不足、能力平庸之辈。不管他俩谁出任总司令,都没有统率万人以上的大兵团进行联合作战的经验。蒙元开国之际,将星璀璨,战功记录也最丰富,可这位忽敦,硬是籍籍无名。如果不仔细,我们差点像池内宏一样,给他来了个"忻都(忽敦)"的待遇,简化成了别人名字后边括号里的两个符号。所以,我们完全有理由质疑一下他的军事业务水平。

按照惯例,大兵团之下辖有蒙古军,元朝一般要任命蒙古人当主帅,即所谓首帅,同时任命有才干的汉人将领辅佐。所以,主帅无能,不一定有什么大毛病,只要他是圣上信任的("上位知识者"),能罩得住就行。然而,右副元帅高丽人洪茶丘,当年三十出头,此前只参加过一些平定三别抄叛乱的小规模战斗。他的祖父洪大宣和父亲洪福源,在成吉思汗时代就投靠了蒙古人,此后一直为之卖命征服本国。后来,洪福源由于王綧的陷害,被蒙哥处死,忽必烈即位后才得到平反。因此,洪茶丘对高丽王室可谓

---

[1] 李则芬:《元史新讲》(二),台北:黎明文化事业公司,1989年,第141—142页。

恨入骨髓，凡可以给高丽添乱的事，无不为之。让他出任第一副司令，更多是看中他熟悉本地情况，可牵制高丽军的一举一动。

倒是左副元帅刘复亨，出身将门，早岁从军，承袭了父亲刘通的千户职位，征战四川、漠北、山东等地，调往高丽之前，是元朝侍卫亲军系统的右卫都指挥使。著名的耶律楚材有一首七律《送门人刘复亨征蜀》，诗中以"误尔儒冠好投笔，过人勋业好加鞭"相勉励（《湛然居士文集》卷14）。这首诗写于1236年，从这一年算起，刘复亨的戎马生涯长达40年。3万征东大军的组织协调、排兵布阵，这类重任多半要落在这位年逾半百的老将肩上。老刘头在这场战争中的遭遇对战局的影响，可是他自己做梦也想不到的。

东征军中的高丽友军，分为左中右三支兵马，号称"三翼军"。中军统帅是都督使金方庆，金侁和金文庇分任左军使、右军使。前些年为出使日本鞍前马后干了不少苦差事的潘舍人，可能因为到过日本，这次也被捎上，当了个右军副使。

和忽敦等几个小角色相比，高丽军的主将金方庆就显得鹤立鸡群了。自然，这也归功于朝鲜史家给他作了一篇实实在在的佳传。《高丽史》的《金方庆传》一开篇，就不是人臣的传记该有的样子：据说他母亲怀他的时候，就经常梦到吞食云霞，还敢到处告诉人："云气常在吾口鼻，儿必神仙中来。"小方庆耍脾气的时候，就干脆往大街上一躺，边号啕边打滚，"牛马为之避，人异之"。简直和古代高句丽的始祖朱蒙差不多了。据说朱蒙是一个鸟蛋里生出来的，扶余王很害怕，"弃之与犬豕，皆不食；弃于路，牛马避之"。（《三国史记》卷13《高句丽本纪》）

这个出生就有异象的小孩，后来长成了一条沉默寡言、忠厚耿直的汉子。任监察御史的时候，金方庆监管朝廷的右仓，一下子断了贪污受贿者的门路，有人就向当权者诬告他："今御史不如前御史奉公。"金方庆挨了领导一顿骂，理直气壮地反驳：要和前任御史一样，不是不可以，但我要为朝廷充实国库，"不能调众口"。高丽朝廷避难江华岛，条件艰苦，"患难见真情"。元宗的禁卫军一看权臣崔怡财大气粗，纷纷都擅自脱岗，去崔家吃香喝辣，"宿卫甚懈"。老金当时调入禁卫，任"牵龙行首"，看不惯这些人的势利，所以不管刮风下雨，天天披挂整齐，在宫外执勤，得了病也硬挺着不请假。

后来，金方庆官位更高，脾气也更倔了。1263年（元中统四年，高丽元宗四年），老金升任"知御史台事"。当时有个权臣叫俞千遇，炙手可热，人皆趋附。老金在路上迎面遇到俞千遇的车驾，只是淡然骑在马上拱了拱手，表示打过招呼。俞千遇训斥他："我是皂衫奉命，三品以下官员见了都要让道，你小子怎么敢无礼！"老金顶了回去："我也是三品皂衫奉命，怎么就无礼了！"史书说，两人"相诘久之"。笔者怀疑，是老金嘴笨，对方质问十句，他好不容易憋出一句回应，于是辩论了这么长时间。吵来吵去，金大人嘴皮子都说干了，抬头一望天色，来了句："太阳都快下山了！"转过身，自顾自走了，气得俞大人在原地目瞪口呆了好半晌。

金方庆这样有个性，自然到哪里都要得罪许多小人，所以明亏暗亏也没少吃。所幸老金遇到的能制他生死的人心里也清楚，老金真是"忠直出于天性"，大体人畜无害。况且，在高丽这个小地方，他确实是屈指可数能打硬仗的勇将，利用价值很大，可替代性又极小。在讨伐三别抄叛军时，己方旗舰都被敌方士兵突入，亲卫队在一侧和敌人白刃搏斗，他还能"据胡床指挥士卒，颜色自若"，因此，早早就如锥处囊中，出将入相，一路高升到"推忠靖难定远功臣、三重大匡、佥议中赞、判典理司事、世子[1]师"。他熬过两次征日战争，活到89岁高龄病逝。

不过，今天我们平心而论，作为东征军的主要将领，金方庆是忠勇刚毅有余，智略权变不足。如果生逢太平之日，或在能自立之国，他不失做个国之干城。可惜，生在那个年代，高丽依附蒙古，武人政权日薄西山，金方庆自然无法继崔、林之后，再建立一个金氏武人集团，只好沦为蒙古对外征服的打手。本书中那些带有"知其不可为而为之"的悲情戏份，主要就是金方庆的。

至此我们知道，忽必烈委以征服日本大计的，实在是一帮很普通的角色，尤其是和中统、至元之间那些真正的名将相比，真如萤火比之日月，黯淡无光。非要打个分数，只能算他们够得上当时的三流水准。

四、北条执权的攘外与安内

与元朝一方的平庸仿佛遥相呼应，日本因为是被动应战，

---

[1] 相当于太子。

开始参战的也不是镰仓幕府最得力的军队。

镰仓幕府的御家人多是来自武藏、相模地方的武士,号称"关八州之兵力可敌六十余州,武相兵力可敌关八州",竹内荣喜认为堪比元朝的侍卫亲军。[1] 幕府手中这些精锐王牌主要负责镇守关东,迎战元朝东征军的实际是九州地方的豪族武士,所谓"镇西之兵"。

日本的地方行政组织,原有郡、国二级。前面说过,镰仓幕府建立后,在地方上("诸国")新设立了"守护""地头",架空原有的地方势力。守护主要负责军事和治安,取代了原来"国司"之权。如果一个守护要兼辖好几个国,就要任命"守护代",代行职权。地头是管理庄园经济、征集兵粮的官员,必要时也率领庄园的私兵参战。因为幕府的势力无法伸展到日本的每个角落,这些地方要职,大体由镰仓幕府的御家人和不直属幕府的地方豪族武士(非御家人)瓜分。

"元寇"来袭,首当其冲的是日本南端的九州地区。九州当地豪族的势力尤其强大。根据竹内荣喜的描述,九州本部的9国,可以分为三个地方势力集团:"前""后""奥"。"前"包括筑前、肥前和丰前,"后"包括筑后、肥后和丰后,"奥"包括萨摩、大隅和日向。武藤少式氏,世袭太宰府官,"前"三国基本属于这个家族的地盘。位于丰后(今日本大分县)的大友氏,管领"后"三国;萨摩(今日本鹿儿岛县)的岛津氏,据有"奥"

---

[1] 竹内荣喜:《元寇の研究》,第90页。

三国。这些地方武士集团,都有幕府授予的正式名分:少弐氏号称"镇西守护",大友氏号称"镇西奉行"。

所谓"镇西守护"或"镇西奉行",可算幕府设在太宰府的更高一级军政机关,直接负责九州方面的防御,名义上管辖西海道的11国,即上述九州本部的9国和壹岐、对马二岛。在镇西奉行和僻处关东海隅的镰仓幕府之间,在垂直关系上,还隔着一个替幕府监视京都的"六波罗探题"。

面对忽必烈第一次派出的3万东征军,镰仓幕府究竟能动员多少兵力去南部九州参战呢?竹内荣喜算过一笔账:当时全日本的人口据说有1260万,九州人口约占147万。淳仁天皇时期(相当于中国唐中期)为征伐新罗派出的检阅使,在九州可征集19820人。按人口平均增长率,文永、弘安之战时,哪怕20岁至60岁的男子每6人出一人参战,单是九州地区的军队就可达到42000人。[1] 按照他这个思路,当时整个日本可动员上战场的军队,轻松就能超过百万,实在是有些浮夸。李则芬先生有另一个粗略估算,说是即使按后来日本战国时代的标准,九州地区最多能出七八万兵,也不少了。[2]

在不能确定忽必烈对日本究竟抱有多大野心的情况下,北条时宗没有贸然在北九州征集大军。不过,在元军来袭之前,他确实在国内谋划和实施了两件大事。

---

[1] 竹内荣喜:《元寇の研究》,第144页。
[2] 李则芬:《元史新讲》(二),第145页。

第一件大事，叫作"异国警固番役"，等于提升九州地区武士的战备级别。原来，九州地区的镰仓御家人每年有义务承担"大番役"，以 10 年为一届，轮番前往京都和镰仓，执行卫戍任务，每次执勤数月不等。1272 年（元至元九年，日本文永九年）二月，赵良弼情报官前脚刚走，北条时宗大笔一挥，凡是九州各国的御家人，这项"大番役"就免了；作为交换，他们必须去北九州沿岸的筑前、肥前等要害地区，执行一定天数的警戒任务。《比志岛文书》中有一份时间较晚的"结番规定"。可以看出，"异国警固番役"就是按照一年四季、每季三个月的顺序，由九州各国结成对子，轮流警戒：

　　春三月，正月、二月、三月，筑前国、肥后国。

　　夏三月，四月、五月、六月，肥前国、丰前国。

　　秋三月，七月、八月、九月，丰后国、筑后国。

　　冬三月，十月、十一月、十二月，日向国、大隅国、萨摩国。[1]

这是幕府为防范元朝军队突袭本土创设的新制。有学者评价说，这个制度对于防备海盗可能还有点用，对付数万人的大军却不行。况且，镰仓的封建领主通常各人自扫门前雪，哪管他人瓦上霜，参加这种空穴来风的警备任务，一定不会很积

---

[1] 川添昭二:《北条时宗》, 吉川弘文馆, 2001 年, 第 136 页。

极。[1]不过,"异国警固番役"毕竟是幕府应对元朝威胁布局最早的一手棋。此后不久,镰仓幕府还命令诸国制作并呈报"大田文",普查全国的经济和军事潜力。

北条时宗干的第二件大事,就是抢先下手除掉了他的政敌,也是他同父异母的长兄北条时辅。北条时辅是北条时赖的长子,不幸是庶母所生,他的弟弟北条时宗却是嫡子。时辅原名时利,那个在射箭大赛上赞叹时宗"有继业之器"的老爹,给他改名"时辅",用心昭然若揭,无非是希望他安心辅佐弟弟。金朝的太祖(完颜阿骨打)和太宗(吴乞买)两兄弟,也给他们儿辈里面最有野心和才干的几位郎君取名"宗干""宗弼""宗强""宗磐""宗固""宗本"等等,大概是人同此心。这种掩耳盗铃之举,自然阻止不了皇族内部同室操戈的腥风血雨,不管是北条家,还是完颜家,都是一样。

据说,时辅眼见弟弟继承北条家主,"心常不满""耻为之下"。文永初年,14岁的时宗已经被父亲允许"连署"执权,17岁的哥哥时辅却外放到京都的"南六波罗探题"任上,实际上是交给了同执权家关系密切的北条时茂监视,时茂出任"北六波罗探题"。后来,北条时茂去世后,"北六波罗探题"职位空缺了快两年,时辅趁机大肆扩张势力,作威作福,搞得京都人人自危。此外,时辅还和反北条的名越家族有所勾结。

前面说过,"六波罗探题"不仅负责替幕府监视京都的朝廷,

---

[1] 黑田俊雄:《蒙古襲来》,中央公論社,1965年,第76页。

也掌握包括九州在内的西国的动向,和蒙古的威胁有直接关涉。在这个关键职位上存在时辅这么个变数,自然让时宗寝食难安。

1272年(元至元九年,日本文永九年)农历二月十一日,北条时宗授意大藏赖季在镰仓发动兵变,一举杀掉了名越时章、名越教时、仙波盛直等人,消除了肘腋之患。

十五日,西边的京都,朝野上下还沉浸在前一天净金刚禅院举办"涅槃讲"的祥和热闹气氛中。拂晓,一骑自镰仓方向扬尘而来,给新任"北六波罗探题"的北条义宗带来了密令。北条义宗读罢密令,二话不说,带着夜里秘密集结的军队直扑时辅的宅邸。义宗的士兵和时辅的卫队在黑暗狭窄的街巷中展开激战,时辅宅邸在一片火海中被夷为平地,时辅的尸体也没有找到。(《五代帝王物语》)这一事变,后来被轻描淡写地称为"二月骚动"。

北条时辅多半在混乱中被杀,也有人说,他逃亡至吉野山中(《保历间记》)。时辅的肉体消灭与否,对于北条时宗来说,已不那么重要了,作为政治人格(political actor)的时辅已经消灭,最大反对派势力名越家族一蹶不振。在镰仓遇难的名越时章、名越教时两兄弟当中,哥哥时章其实没有参与所谓"谋反"活动,因此,幕府勒令当天动手的大藏赖季等人切腹自尽。不过,名越时章一死,时宗就把原由时章兼任的筑后、肥后和大隅三国守护,分赐给了自己一边的大友赖泰(筑后守护)、安达泰盛(肥后守护)、千叶宗胤(大隅守护)等人,大大加强了对九州地区的控制。

五、"散地,吾将一其志"

后来,元朝东征军两度折戟博多湾,"神国"在"神风"和各路神佛的"庇护"下,"举国一致",取得了"抗元战争"的胜利。随着日本朝近代民族国家转化,加之军国主义甚嚣尘上,这个故事被反复讲述,最终变成一个民族神话。1936年(日本昭和十一年),文部省指定的《小学国史教师用书》,就给"国难"当头的危急时刻,"镰仓武士的忠勇""举国一致的热烈爱国精神""国民的义愤精神"等等,大唱赞歌。

一些立场客观的当代日本学者,也看不惯这套向壁虚构的谎言。黑田俊雄说,在镰仓武士的心目中,"元寇袭来"不是什么"国难"或者"日本民族的危机",而是"君之御大事",只要响应天皇或者幕府的命令,祈祷自己"武运长久",在战场上杀敌立功,获得"镰仓殿"赐予的恩赏和领地,就很完美了。[1]对于不少贫困的武士来说,家里的老婆孩子正眼巴巴地盼着明天揭锅的米呢,"全体国民的命运"又是个什么东西?前面说过,对首级和军功的饥渴,才是武士的本性。在这一点上,他们倒是高度"一致"的,用杉山正明的话说,就是只"为了自己而战"。[2]千万不要小瞧了这种斗志,它常常毫不逊色于民族主义

---

[1] 黑田俊雄:《蒙古袭来》,第124页。
[2] 杉山正明:《蒙古颠覆世界史》,北京三联书店,2016年,第279页。

或宗教产生的狂热。

除了武士阶层的这种"一致"，镰仓幕府自身的抵抗意志，是这场战争最关键的因素。据说，1268年（元至元五年，日本文永五年），第一次接到忽必烈的国书后，京都的朝廷召开过评议会，商量要不要给蒙古人回个信。评议结果是意见不一（中原师守《师守日记》）。第二年，京都方面又收到大蒙古国中书省的牒文，让文章博士菅原长成起草了回牒，却因为幕府极力反对，最终未能送出。说到底，始终一贯把蒙古人堵在国门外，连开个门缝都不肯，以致后来发生"龙口斩使"的极端事件，这一切背后的主导，正是北条时宗代表的镰仓幕府。他们为什么这么顽固不化？有人觉得，这是武家政权的战斗性格使然，又或者是南宋禅僧和舶商对蒙古人的憎恶态度，影响了镰仓幕府的判断。这都是皮相之论。

我们不妨换个角度来思考：为什么高丽国内主张反抗蒙古到底的势力，也是崔氏和林氏这些武人集团？

原来，蒙古草原政权在跨过帝国的门槛以后，便十分在意政治权威的合法性来源。这种思维模式，也决定了蒙古人到处扶植的附庸政权，通常是本地具备传统合法性的势力。比如说，尽管元朝在辽阳行省豢养了一大帮洪茶丘、王绰这样的"韩奸"，但从来没有决心颠覆传统的高丽王权，另起炉灶。在同蒙古接触以前，王氏高丽是武人主政，国王只有名义上的权威。元朝的武力存在和公主下嫁，相对强化了高丽的正统王权，压制了武人集团的势力。武人首领大概隐约预感到了未来的颓势，才不惜玉石俱焚，哪怕挟持王室躲到小岛上，也要接着作威作福。如果没有外来势力的干预，高丽武人主政的格局绝不会如此迅速衰落。

　　用日本政治思想大师丸山真男的话说，日本的武家政治也是个"二重统治模式"，威权源头是天皇，掌握实权的却是幕府和北条执权。[1]虽然社会经济基础不同，就上层的权力结构来说，镰仓日本和武人主政的高丽，实在如出一辙。一旦让元朝的势力渗透到国内，重新洗牌，天皇、上皇这些在京都的势力，或许愿意接受高丽元宗那样的地位，但幕府肯定不甘心步崔家和金家等人的后尘。500年后，美国佩里准将的"黑船"袭来，德川幕府被迫开国；过了不到10年，第15代将军德川庆喜就只好向天皇"大政奉还"。个中道理，其实颇有相通之处。北条时宗和幕府高层当然逆料不到江户时代的结束，然而，君不见，忽必烈几次三番写信，口口声声要找"日本国王"，并不是什么"征夷大将军"？这位东亚霸主心中理想的日本国王，难道真住在镰仓渔村吗？

　　《三国演义》第43回"诸葛亮舌战群儒，鲁子敬力排众议"里讲到，曹操率80万大军南下，孙权在投降还是抵抗的问题上苦苦纠结了好几天，不料被鲁肃三言两语就说服了。鲁肃的逻辑是这样的："众人皆可降曹操，惟将军不可降曹操"。为什么呢？

---

[1] 丸山真男：《丸山真男讲义录》第6册，四川教育出版社，2017年，第42—45页。

> 如肃等降操，当以肃还乡党，累官故不失州郡也；将军降操，欲安所归乎？位不过封侯，车不过一乘，骑不过一匹，从不过数人，岂得南面称孤哉！

把这个逻辑稍稍改动一下，就可以得出北条时宗等人不能屈膝于忽必烈的理由：一旦外交屈服或者战事失利，京都的朝廷和公卿反倒多了元朝这个倚仗，天皇不过多了个"大元国日本行省右丞相"的耻辱头衔，但是，镰仓幕府和北条家族"安所归乎？"投降下场很惨，战败更是一死，唯有努力战胜，一条道走到黑。

《孙子兵法·九地》中说，打仗的地势，有"散地"，有"轻地"。散地是在自己国境内作战（"诸侯自战其地"），轻地是刚刚进入敌国境内，还未深入（"入人之地不深者"）。如果己方在散地作战，"吾将一其志"。武士对军功的饥渴，镰仓幕府面对步步紧逼的元朝，退无可退，也可以说是"一其志"了。那么，马上就要在"轻地"作战的元朝—高丽东征军，命运又将如何呢？

第六章　D日：喋血博多湾

一、目标：九州太宰府

1274年（元至元十一年，高丽元宗十五年）农历六月初，高丽倾全国之力为东征日本打造的舰队，已经基本完成战备。此时，忽必烈正在上都清暑。当月十六日，元宗派了一个叫作罗裕的人赶到大都，向留守的中书省官员报告：

> 船大小并九百只造讫，合用物件亦皆圆备，令三品官能干者分管，回泊已向金州。伏望诸相国，善为敷奏。(《高丽史》卷27）

这是元宗一生最后一次以高丽国王的名义向元朝派出使节。五月刚过，《高丽史》就已记载元宗病情严重，朝廷大赦境内的死囚，为王祈福。罗裕出发没两天，元宗就"薨于堤上宫"，撒手而去，将这个历经频年战乱而民生凋敝、百废待兴的小国，留给了在大都刚刚同元朝公主完婚的世子王愖（忠烈王）。

尽管高丽的朝野上下要为"大行王"（去世的国王）服丧尽哀，东征大军却已好似箭在弦上，不得不发了。当年七月，忠烈王还在赶回高丽奔丧的半路上，国内的"征东先锋别抄"就已经率先扬帆出海了。东征军的指挥班子，都元帅忽敦，副元帅洪茶丘、刘复亨，高丽军统帅金方庆，本来预定要在合浦港一同检阅战舰，如今只好延后，先让两个高丽将领结伴北上，参加九月为元宗举行的葬礼，所谓"方庆与茶丘单骑来陈慰"。（《高丽史》卷104《金方庆传》）。

在高丽南北忙作一团的时候，忽必烈的军事情报机器，大概也在全速运转，为东征军搜集情报。前面讲过，赵良弼出使回国，提交了一份详细的汇报，里面有"日本君臣爵号、州郡名数、风俗土宜"。然而，这份供高层决策用的东西，顶多相当于今天的《各国概况：日本篇》，连一本带地图的九州自助游手册都远远不如。再说，谁敢拿民用导游手册行军打仗呢？所以，搜集战术情报、绘制军用地图的任务，还得由元朝枢密院下属的参谋军官来执行。

他们的渠道并不少。早在1271年（至元八年），就有"日本通事"曹介升等人主动要求给元朝大军充当向导："高丽迂路导引国使，外有捷径，倘得便风，半日可到。若使臣去，则不敢同往；若大军进征，则愿为乡导。"（《元史·日本传》）此外，1272年，在讨伐躲在耽罗（今济州岛）的高丽三别抄叛军时，元朝意外抓到三个熟悉日本的耽罗人。枢密院官一审讯，不仅

"画到图本",还获悉"日本太宰府等处下船之地,俱可下岸",计算登陆军队规模为2万至3万。(《元高丽纪事》)

太宰府(今日本福冈县太宰府市),就是元朝东征军的首要目标,位于九州北部的筑前国。太宰府是统辖西海道9国和对马、壹岐岛二岛的派出机构,"镇西奉行"就驻在该处。从唐中期开始,这里还是日本海外贸易的中心基地,北面的门户——博多湾也是繁荣的贸易港口。不管从哪方面看,太宰府都是第一战略要地,元朝自然志在必得。从高丽南部海岸航行到太宰府,一般走穿过对马岛和壹岐岛,然后进入博多湾这条路线。这也是东征军的实际航线。

从后来的战役经过看,枢密院大致为东征军选定了三个登陆点,都在博多湾附近,自西向东。第一处,博多湾西侧的今津,也是赵良弼使团最初上陆的地点,这一带海水较深,可供大型船舶停泊,东边还有南北纵贯的山地提供掩护。第二处,早良郡的百道原,海水也较深,沿岸是地形平坦而松软的沙原,方便军队展开。最后一处是博多湾东北的箱崎(筥崎)。

600年后(昭和初年),竹内荣喜少将利用在日本陆军大学授课的机会,就攻占太宰府应该如何计划登陆这一问题,当堂考试了一年级的47名学员。在学员上报的5个方案中,赞同人数最多的方案(29人),是主力部队在今津湾(生松原、今宿、长滨)登陆,同时,在博多湾东北方向的任一地点(新宫、奈多、志贺岛、箱崎、船越湾)进行辅助登陆,牵制日军西下的兵力。竹内荣喜自己也极力主张先占领今津湾,建立舰队碇泊和后勤补给的基地，再从容集结兵力东进，攻占博多湾和太宰府。[1]

现代军事专家根据较为充分的地形和兵力情报设计出的"理想"登陆方案，只可聊备一说。元朝东征军的实际登陆行动，与此大相径庭，也没什么好奇怪的。

二、万樯千帆入博多

这一年的十月三日清晨，高丽南部的合浦港，帆樯林立，千帆竞张，原本开阔的水面一下子拥挤得让人喘不过气来。几经周折，元朝东征军终于出海了。

合浦港就是今天朝鲜半岛南部镇海湾的马山浦。此地是晚清甲午战前，清军在朝鲜的驻扎之处，也是著名的对马海战前，东乡平八郎率领日本舰队集结的地方，见证了多少神话的诞生，多少野心和梦想的破灭。

因为高丽尚在国丧期间，原先精心策划的祭旗、演武和饯行等各种盛大仪式，只好从简。不过，东征大军900艘大大小小的舰船开到外海，浩浩荡荡，绵延百里，景象依然极为壮观。想想同时代的欧洲列强，比如神圣罗马帝国，或者威尼斯、热那亚，主力舰队很少超过50艘战船，不到100艘战船的会战就可以载入"世界历史"，要说元朝东征军搭乘的是当时世界上最大的一支远征舰队，并不夸张。

---

[1] 竹内荣喜：《元寇の研究》，第19—23页，第65页。

十月五日，元朝东征军的先头部队抵达对马岛的西面海域。午后，一支船队驶入对马岛中部的浅茅浦停泊，另一支船队驶入对马岛西岸的佐须浦停泊。佐须浦是对马岛的中枢——国府的西面门户。600多年前，即天智天皇时代修筑的金田山城，扼守着佐须浦通往国府的要路。

东征军上岛的消息，当天傍晚时分才传到国府的地头所。对马的代理守护名叫宗助国，他接到底下的汇报，不明就里，大概猜测又来了一个规模较往年更大的元朝使团，匆匆招呼了80多名亲随武士，一面咒骂"异国人"死脑筋、不开窍，一面连夜举火疾驰，六日拂晓之前终于赶到了佐须浦。

宗助国一夜未眠，心情自然不好，憋着一肚子怨气，正打算板起脸好好训斥来使几句。于是，一行人并没有在金田城停留，直接冲到了佐须浦岸边。这时，借着海波泛起的微光，他们张口结舌地看到，水面上密密匝匝，泊满了战船，把地平线都遮住了。宗助国感到不妙，脸色唰地一下白了，硬着头皮派了一个名叫真继男的翻译，先上前打探情况。真继男靠近岸边，哆哆嗦嗦喊了一嗓子。不料，作为答复，最近的一艘战船上嗖嗖嗖射出一阵凶猛的箭雨。真继男头也不回，拍马就逃。

紧接着，七八艘元军战船抵近岸边，下来了一支1000余人的"陆战队"。宗助国等人边战边退。据日本方面的吹嘘，宗氏一门作战神勇，宗助国射倒"异国人不知数"；敌阵中有4名骑着高头大马、戎装醒目的军官，其中跨着苇毛马的一人，也被宗助国的儿子宗马次郎射中右胸落马，养子弥次郎射杀了

4骑。(《八幡愚童记》)不过，日军终是寡不敌众，宗氏一门，加上庄太郎入道、肥后国的御家人田井藤三郎等一干武士，悉数战死。

对马岛是日本的国防第一线，岛上驻扎了少数边防军（防人）。但这个岛山多地少，养不起多少兵，全岛兵力不足1000人。元朝东征军迅速压制了全岛，开始在各个村落烧杀掳掠。《日莲圣人注画赞》说，岛上的百姓，男子要么被杀、要么被抓，女子更是以绳索贯穿手掌，绑在船舷边上，被俘的人大多难逃一死（"男或杀或擒，女集一所，彻手结附舷，虏者无一人不害"）。

十月十四日，午后四时左右，元朝东征军又扑向距离博多湾更近的壹岐岛。壹岐的守护代平景隆率领100余骑御家人，在一座简陋工事（"庄三郎之城"）前和东征军对射。交战不长时间，平景隆也寡不敌众，受伤惨重，退保城内，最后在层层包围中自杀。同时，东征军分队还袭击了松浦半岛沿岸，松浦党的武士也阵亡好几百人。至此，东征军占领了对马和壹岐这两个补给线上最重要的站点。

东征军从五日抵达中途站对马岛，到十四日进攻壹岐岛，中间隔了大约10天时间，再到十九日杀入博多湾，又隔了五六天。这些间隔时间，东征军的主力部队据说都在集结和休整。才坐了那么几天船，为何还要特意休整呢？

宋元时期的确是古代造船航海技术的一个小高峰，海船不仅配备了"指南浮针，以揆南北"，还发明了形形色色的锚具、副舵、帆具，抵御风涛，适航性极大提高。[1]即便如此，当时乘船出海之艰苦，仍然是今天的人无法切身体会的。1124年（北宋宣和六年），出使高丽的徐兢搭乘的"客舟"，长达30米，排水量250吨，是当时东亚海域最先进最安全的海船。然而，放洋之后，遇到稍大点的横风，就"飐动扬摇，瓶盎皆倾，一舟之人震恐胆落"；风浪再大点，就要"肠胃腾倒，喘息仅存，颠仆呕吐，粒食不下咽"，真是活受罪。（徐兢《宣和奉使高丽图经》卷34—35）这3万余人的东征军，包括强征来的高丽水手，至少有五分之四的人是这辈子头一回坐船出海。闷坐在光线暗淡、臭气熏天的船舱之中，任凭风浪颠簸70多个小时，铁打的人也软了。

雪上加霜的是，前面说过，高丽造船的时候，金方庆为了赶工期、省工料，申请把图纸从"蛮样"（宋船式样）改成了"本国船样"。高丽的海船，在技术上大概落后中国一个时代。北宋时候，宋船早就采用了主桅杆可以起倒的"可眠桅技术"。北宋嘉祐年间，高丽海船遇风桅折，漂到昆山县海边，帮助修船的中国工人发现，高丽船上的桅杆还是"不可动"的旧式桅。（沈括《梦溪笔谈》卷24）徐兢到了高丽，评价该地的舟楫"简略特甚"，难怪省工省料。说到乘坐体验，可谓糟糕透顶。

于是，整整10天的宝贵时间，整个战争中唯一的一次可以达成奇袭的机会，就被东征军浪费在"休整"上了。趁着这段间隙，从对马和壹岐两战中侥幸生还的小太郎、兵卫次郎和宗

---

[1] 席龙飞：《中国造船史》，湖北教育出版社，2000年，第135—140页。

三郎等人，早已经逃入太宰府通风报信了。

三、邂逅东亚的"马穆鲁克"

太宰府一收到敌袭的消息，马上向京都的六波罗探题派出了快马报讯，同时命令九州地方的武士向博多湾汇集。

九州的日本军，名义上的总司令官是46岁的少式经资。曾向赵良弼讨要国书原本的少式资能，就是他的父亲。少式这个姓氏，本来是律令制下太宰府次官的名称，因为正官太宰帅、权帅或者大式，实际留在京都，并不去当地赴任。自经资的爷爷武藤资赖以"镇西奉行""少式"的名分入主太宰府以来，武藤祖孙三代均掌握太宰府、九州"前"三国和壹岐、对马二岛的实权，少式也被武藤家用作了姓氏。前面战死的宗助国、平景隆，之所以是"守护代"，就是因为正牌守护是少式经资。日本军的副司令官是丰后等国的守护大友赖泰，在前方负责实地指挥作战的是一个年方二九的少壮派将领，即少式经资的弟弟，少式景资。

据《八幡愚童记》记载，赶来参战的武士来自少式氏、大友氏、臼杵、户次、松浦党、菊池、原田、小玉党，还有附近一些神社和佛寺的僧兵，萨摩守护岛津氏麾下的武士负责博多湾北部箱崎方面的守备。九州之兵，总兵力据说达到102000余人。

镰仓时代日本武士的装备和作战方式，今天的人已经有些陌生了，对于看惯了日本大河剧里面战国时代"足轻"（步兵）会战的中国读者，尤其如此。有必要多交代几句。很难想象，镰仓武士居然也是以骑射为主的战士。在镰仓前中期，骑乘战马、以弓箭来攻防的骑射战盛极一时。根据一些当时的军记物语，武士作战前，会先大声互报名号（名乘り），然后骑马拉弓向对方冲去，在擦身之际放箭射击。这是一种比较仪式化的个人作战方法。在"元寇袭来"过后，太刀、薙刀一类劈砍兵器，才开始取代弓箭的地位。

镰仓武士的防具，正是为这种骑射作战设计的，适合在马背上做出各种动作。最正式的甲胄称为"大铠"，由头盔、胴甲和大袖三个主要部分组成。镰仓武士的头盔（星兜）很有特色，带有夸张的向上伸出的细长锹形，远看好似长了一对鹿角。武士的后颈和后脑勺有一大块护具，一直延伸到肩头，用来防护箭矢。由于拉弓射箭的姿势容易暴露武士的侧腹和胸口，大铠的胴甲上还挂有特殊的护具：右胸前挂有"栴檀板"，为了避免引弓上弦时右腕和右胸的动作僵硬，这块护板采取了三段小札板拼接，可自由活动；左胸处前挂有"鸠尾板"，保护侧身射箭时正对敌军的心脏部位。大袖则将肩膀和上臂都保护起来，相当于两块固定盾牌。这些是高级武士的装备。武士的马后，通常跟着七八个下级士兵（郎党）一起作战，他们穿戴徒步作战的"胴丸"盔甲，手持太刀或薙刀。"胴丸"又称"腹卷"，构造要比大铠简单许多，主要保护躯干。

镰仓武士使用的主要武器是竹木制作的弓箭。比起短小的蒙古骑射弓，日本弓的长度接近2.5米，射出的箭矢也又长又重。日本刀的锋利，所谓"百炼精纯"，自唐代以来一直口碑不错。郑思肖也评价过"倭刀极利"（《心史·大义略叙》），大概是见过出口到南宋的倭刀。

元初文人王恽的《泛海小录》，根据东征老兵的亲历，对镰仓武士有如下描述：

> 兵仗有弓、刀、甲，而无戈矛。骑兵结束殊精，甲往往以黄金为之，络珠琲者甚众。刀制长，极犀锐，洞物而过。但弓以木为之，矢虽长，不能远。人则勇敢，视死不畏。(《秋涧集》卷40)

这是相当客观而中允的好评。

与武装到牙齿的镰仓武士相比，元朝东征军主要由携带短弓、环刀、长枪、战斧的轻骑兵和轻步兵组成。史籍对元朝军队的胄和兜这类护具的介绍十分简单。南宋的《黑鞑事略》记载有柳叶甲和罗圈甲两种。白石典之根据少数考古遗存和文献记载，推测前者是由薄而小的铁札缝制而成，后者是一种多层皮甲，形制也不太明确。[1] 显然，不论是骑士还是步卒，镰仓

---

[1] 白石典之编：《チンギス・カンとその時代》，勉誠出版，2015年，第272—273页。北冈正敏尝试对双方的甲胄和兵器做一番优劣比较，但不令人信服，见《蒙古襲来の真実：蒙古軍はなぜ壊滅したのか》，第93—108页。

武士的个体防护程度，显然要高于东征军。

在《蒙古的战争艺术》一书中，当代研究蒙古军事史的专家梅天穆（Timothy May）教授对曾经让蒙古军队吃过大亏的两支军队，做了一番很有意思的比较。这两支军队分别位于亚欧大陆的两端：一是在阿音扎鲁特之战中歼灭乞台不花军队的埃及马穆鲁克骑兵[1]，另一就是东征军面对的镰仓武士。梅天穆说：

> 蒙古军队的另一弱点……就是士兵的素质。蒙古人大体上是优秀的士兵。在草原艰苦的环境中，游牧民族可以忍常人之不能忍，成长为精通骑术和箭术的优秀战士。但是，即便在蒙古帝国的巅峰时期，蒙古军也要逊色于中世纪其他的精英部队。马穆鲁克骑兵和日本武士都是毕生奉献于战斗艺术的军事精英。诚然，一些蒙古战士掌握的战斗技艺，堪比这些精锐军队中的佼佼者，作为整体，蒙古军也不乏优秀的士兵，但是缺少精英部队（elite forces）。[2]

在个体防护和武艺都处下风的情形下，元朝东征军自然也有绝对不容忽视的优势。除了集团作战、配合熟练外，元朝军队的弓箭的平均射程是"二町"（200多米），超出日本军一倍有余。早先在

---

[1] Mamluk，最初是阿拉伯帝国的奴隶军队，后发展为一个特殊的军事精英阶层。

[2] Timothy May: *The Mongol Art of War*, Pen & Sword Books Ltd., 2007, p.139.

壹岐岛的交战中，平景隆的部队猝不及防，就在这方面吃了大亏。

蒙古军队的箭矢也十分多样，除了平日狩猎用的鸣镝和骨箭外，有一部分铁质箭镞，镞尖较宽而平，刃部呈水平状，侧棱锋利无比，造成的创口面积又大又深，主要就是用来对付骑兵和战马的；另一部分箭镞末端又尖又长，穿透力极强，被苏联考古学家吉谢列夫等人称为当时的"穿甲弹"，主要用来对付披挂重甲的敌人。元朝军队的弓箭齐射，目击者形容为"发矢蔽天，有如暴雨"（《马可波罗行纪》第 78 章），可谓对镰仓武士最严重的威胁。

四、第一印象

十月十九日，休整完毕、精神抖擞的元朝东征军从壹岐岛海面出发，直扑博多湾。他们先派出一支分队，在今津北部的后滨登陆。然而，东征军上陆后，大概觉得从此地向博多湾，要穿过南北向的长垂山脉，进出不便。于是，第二天，也就是二十日的拂晓时分，东征军的主力部队才在早良郡的百道原、博多、箱崎一线陆续登陆。

在各地上陆的东征军分别都是什么部队，双方的史料记载极其含混。从最早的研究者八代国治、竹内荣喜和池内宏，到晚近的黑田俊雄、李则芬、旗田巍和山口修，提出了各种彼此龃龉的说法，都不过是推测。Osprey 出版社在 2010 年出过一本《蒙古袭来》彩图册子，主笔是写过不少中世纪军事读物的特恩布尔（S. Turnbull）。书中还有三维的战役图示，其实多是虚构。

这里我们只好折中诸说：在百道原登陆的主要是金方庆率领的高丽军和忽敦、洪茶丘率领的部分蒙汉军；在更东边一点的博多、箱崎方面登陆的，主要是刘复亨率领的另一支蒙汉军。

东征军的主力运兵船是"千料舟"，就算百道原等地的海水较深，也无法直抵滩头，还是要靠那300艘"拔都鲁轻疾舟"穿梭于大船和滩头之间，输送部队抢滩登陆。竹内荣喜说，日俄战争期间，采用最先进的方法，做最充分的装备，并且毫无敌人的干扰，一天之内最多也只能送1万人左右上陆。所以，加上必需的装备和马匹，东征军一天之内登陆的人员也不会超过1万，大概是3000—4000人。[1] 不过，上陆的必定是最精锐的部队，而且三大主帅——忽敦、洪茶丘、刘复亨——也都在其中。

战斗是早上8点左右开始的。

那天，曙光依稀透过志贺岛高处的松林，洒向对面弥漫着一层薄薄雾气的海滩。列阵对峙的东征军和日本军，大眼瞪小眼：中国北方士兵甲胄上的兽毛装饰，日本军头盔上伸出的鹿角一样的锹形，在流动的光线和雾气映衬之下，越发显得诡异。双方越彼此端详，越觉得对方是一群身着奇装异服，行为也同样诡异的野蛮人。

在东征军大阵的背后，远处的海面上，无数士兵像蜘蛛一样，攀着船舷边的绳梯大网，从巍峨的巨舰降到摇晃不已的"拔都鲁轻疾舟"上。他们的动作整齐而安静，甚至没有一个人转

---

[1] 竹内荣喜：《元寇の研究》，第18页。

过头张望岸边那两支剑拔弩张的军队——东征军后续梯队还在努力，他们清楚，接下来每一分钟的登陆时间，都将是那边的袍泽兄弟以鲜血甚至生命为代价争取来的。

两支战争传统和文化背景千差万别的军队，一旦猝然遭遇，必定会发生一些令人啼笑皆非的事情。

日本军还忠实于源平合战时代的传统，阵中先走出一名武士，高声通报家世、姓名，单骑挑战。这名武士据说是总司令官少式经资的儿子少式资时，当时还不到13岁。

只见少式资时身着华丽的大铠，一脸严肃，缓缓行至阵前，按照礼仪，向对面射出一支小响箭，示意战斗开始（所谓"矢合"）。不料，东征军阵中爆发出一阵哄笑。《八幡愚童记》《元寇纪略》也说："觉惠有孙，年甫十二三，弱弓微箭射贼，贼军哄笑。"后方列队的元朝士兵不明究竟，赶紧向跟前的兄弟打听，前边到底怎么了。资时满脸通红，跑回了本阵。

两军沉默片刻，都元帅忽敦一声令下，帅旗舞动，数十名赤膊的壮汉，拼命敲打起大鼓和铜锣，震耳欲聋。鼓点间歇之际，站在前列的千户和百户军官声嘶力竭地高喊："大元！"全军士兵齐声回应："杀！"这是东征军开战的信号。

按照元朝军队的传统，这个场面必定热闹非凡。若干年后，马可·波罗追随忽必烈到了漠北草原，目睹元朝军队和叛王军队的交战情景：

当两军列阵之时，种种乐器之声及歌声群起，缘鞑靼人作战以前，各人习为歌唱，弹两弦乐器，其声颇可悦耳。弹唱久之，迄于鸣鼓之时，两军战争乃起，盖不闻其主大鼓声，不敢进战也。(《马可波罗行纪》第78章)

　　日本军的战马从未接触过这样陌生而且巨大的噪音，一下子受了惊，烦躁地用马蹄踢着地上的泥土，甚至开始摇头晃脑，跳跃打转。马背上的武士也吓出一身冷汗，赶紧各显神通，安抚自己的坐骑。就在这个时候，遮天蔽地的箭雨，已经毫不客气地落到日本军的阵中了。

　　镰仓时代的武士虽以骑射为主，但采用的是"一骑讨"战法：己方出一人高声搦战，等待对方单骑应战，战争这种集体行为，结果成了比拼个人武艺。历来的研究者特别喜欢强调，日本军一开始采用这种陈旧战法是自讨苦吃，却没人注意到，几乎就在同一时期，还有另一支军队也向元军提出了一对一单挑（"斗将"）的邀请。我们先看看蒙古人这次是如何回应的。

　　1275年（元至元十二年、南宋德祐元年）十月，元朝南征大军的主帅伯颜，前往视察被元军围困的南宋扬州城，顺便耀武扬威一番。扬州守将孙虎臣派人传话：自古斗将不斗兵，我们这边打算出一个骑兵将领，叫刘都统，你们也挑上一个"武勇、擅格斗者"，与刘都统一决生死，别让那些普通士卒白白送命了，怎么样？这个刘都统外号"黑马刘"，是南宋军中有数的骁将。接到挑战书，伯颜紧急召集诸将开会，"皆相顾莫敢对"。

　　当时，伯颜军中有个百夫长，是西域哈剌鲁人，"毅然请行"。伯颜大喜过望,连称"壮士!壮士!"元末文人危素为哈刺䚟写的《合鲁公家传》,详细描写了扬子桥上举办的这场别开生面的"斗将大会"。

哈刺䚟和刘都统,恰好"两将所乘马皆黑",远远望去,好似两股乌黑的旋风,杀气冲天,"奋斗数十合",未分胜负。突然,刘都统举起长矛猛地一刺,哈刺䚟闪避不及,从鞍上摔下。刘都统拍马赶上,打算趁机结果对手。不料,胯下战马忽然受惊后退。哈刺䚟急忙上马追击,刘都统拨马再刺,哈刺䚟身子往右一歪,左胳肢窝死死夹住刺来的长矛,右手拔出佩剑,狠劲一挥,将敌人首级斩落地上。两军围观的有上万人,"欢噪动地"。伯颜顿觉大有面子,派了自己的亲卫队,用大将仪仗迎接哈刺䚟凯旋回营,又请人把这段佳话画成图本,快递给皇帝欣赏。

这段插曲告诉我们两件事。一,尽管史书上的"胡人",包括突厥、沙陀、契丹和吐蕃等族的军队,都喜欢搞一些单挑、"斗将",蒙古人确实对这一套充斥陈腐的贵族气派的礼节不太感兴趣。二,在比较稳妥而且荣誉攸关的场合下,蒙古人也不是完全不可能接受"一骑讨"这种战法,扬子桥决斗就是证据。

不过,那会东征军是不会和日本军讲什么礼数的,因为他们人数处于劣势,开局就"斗将",一旦失利,士气一落千丈,这仗干脆就甭打了。只见忽敦和洪茶丘、金方庆等人耳语片刻,大手一挥,先放箭!

《八幡愚童记》和《太平记》记载,上陆的这批元朝东征军打得很有章法。大将卓立高处指挥,全军闻鼓而进,闻金而退,排列成队,步骑相资,配合娴熟:"彼甲轻,善乘马,力强而不惜命,豪势勇猛,进退自如。"阵中则排列长楯,近者刺以矛,远者射以箭,日本人形容是"射如雨降"。镰仓武士尚未冲到阵前,就被破甲箭矢杀伤众多。据说箭矢上还涂了毒药,中箭者过不了多久,就伤口剧痛,倒地哀号不止。东征军还时不时抛出纸或铁包裹的"炸弹"(铁砲或てっぽう)。爆炸之后,火光四散,烟气弥漫,声如雷震,令敌人肝胆俱裂,头晕目眩,惊慌失措。一旦有零星的日本武士突入,东征军则"左右回围之,协力合击,无一人得脱者"。

关于东征军使用的"毒矢"和"铁砲",下一章还会专门做一番辨析。如果要做一点比较,我觉得,当时的场面同1798年7月21日拿破仑率领的法军和埃及马穆鲁克骑兵在金字塔下的激战情景,或许会有些相似。拿破仑对马穆鲁克骑兵的单兵作战技能佩服不已:

> 有一个马穆鲁克兵表演了他全部的灵活技巧和勇敢动作……他紧贴在自己的马上,这匹马似乎也分享了他的全部的热情;他手腕上挂着一把马刀,还用自己的马枪、短火枪和四支手枪依次进行射击。他这样射出六种武器的子弹以后,绕过狙击排,并以惊人的灵活动作从狙击队和战线中间跑过去了。[1]

---

[1] 陈太先译,《拿破仑文选》(上),商务印书馆,1980年,第57页。

尽管镰仓武士和马穆鲁克骑兵一样，都以武艺高超闻名，但如果我们俯视当时百道原和内陆的麁原各处展开激战的战场，大体不难想象：东征军以集团作战，围成方阵，挺着长矛，四处围捕冲过箭雨和火炮、三三两两突入阵中的镰仓武士，正好像拿破仑的法军变换方阵和横队，射击冲入阵中的马穆鲁克骑兵。一时间，黑烟滚滚、人吼马嘶，混乱无比。

五、日落前的血战

不同的是，东征军那几个将领，绝对无法像金字塔下的拿破仑那样，还有闲心和余裕抒发思古之幽情。他们虽然在战术上占了点上风，但日本军有着人数优势。[1]所以，双方的史料记载虽然各吹各牛，但有一点是一致的：那天的战况真的空前惨烈。

《高丽史》的《金方庆传》记载：

> 舍舟三郎浦[2]，分道而进，所杀过当。倭兵突至，冲中军。长剑交左右，方庆如植，不少却，拔一嚆矢，厉声大喝，倭辟易而走。之亮、忻、扦、李唐公、金天禄、申奕[3]等

---

[1] 北冈正敏提出，在百道原，东征军同日本军的兵力对比是 1 比 20.5；在博多是 1 比 17.5；在今津是 1 比 5.8。虽然他的计算方法靠不住，日本军的数量优势却不容置疑。
[2] 池内宏和山口修都认为是佐原或麁原的日语发音讹误。
[3] 这些人都是高丽军将领。

力战,倭兵大败,伏尸如麻。忽敦曰:"蒙人虽习战,何以加此!"诸军与战,及暮乃解。

日本一方的《日莲圣人注画赞》也记载:

同二十九日[1]辰刻,东乡入道觉忠子息三郎左卫门景资[2]、大友出羽守直泰……总九国兵集战,故死者相枕。

竹内荣喜提出,古代用冷兵器进行的决战,比现代战争决出胜负的时间要短得多。例如日本战国时代3万织田军和2万浅井军的姊川之战,从早上5点开始,打到午后2点结束;著名的关原之战,7万东军和8万西军,从上午8点开始,打到午后2点半结束,大体都是半天左右。[3] 600年前东征军和日本军,人数少了很多,居然也从早上苦战至日暮,可见战斗之胶着和激烈。

种种迹象表明,因为一开始不习惯集团战术,日本军有溃退的迹象。东征军一路冲过百道原内陆的麁原,又占领了赤坂的高地,乘胜朝东边的博多深入,眼看就要同刘复亨军汇合。

就在这个时候,发生了两起扭转战局的事件。

第一起,是日本军的生力军开始陆续到达。趁着东征军刚

---

[1] 十九日之误。
[2] 即少弍景资。
[3] 竹内荣喜:《元寇の研究》,第60页。

从赤坂的高地下来，在松原立足未稳的时机，肥后的御家人菊池武房率领130名骑兵、诧磨赖秀率领100名骑兵，从后方出其不意地杀过来，冲乱了东征军的阵势。另外，松浦党、原田、日向、栗屋、山田、诧间、菊池等各族的武士，也相继投入厮杀。为了暂避锋芒，东征军不得不分两路，大部分退往麁原，一部分退往别府的塚原，打算在鸟饲汇合后重整阵形。

就在这个关键时刻，有一个本来微不足道的人物，以他近乎蛮横的执着，加上一点点运气，居然把从来只照射在伟人和强者身上的历史聚光灯，硬生生扭向了他自己，而把前者贬作了自己故事的配角。此人是竹崎五郎兵卫季长，此后我们就称他为竹崎季长。他当时和日本军主将少弐景资同龄，也是29岁，肥后国（今熊本县）的御家人。马上就要到而立之年的竹崎，还是个"无足"，也就是没有幕府赐予的"所领"的小武士。他在自己家里也是庶出，没分得什么家产，穷得叮当响，一听说前方有仗打，连忙招呼上4名伴当（姐夫三井资长、旗指资安、郎从藤源太，还有一名仆役长），风风火火投奔少弐景资。

根据竹崎自己请人画的《蒙古袭来绘词》，他们几人在博多阵中谒见了景资，随后主动请缨，驰援赤坂。巧得很，竹崎季长赶到赤坂的时候，刚好遇到数百武士迎面行来，有几人还举着太刀或薙刀，刀尖上插着两颗东征军士兵的首级。当先的一名武士，紫铠、红袍，在马背上左顾右盼，扬扬自得。竹崎与他互通名讳，这才知道，对方就是凯旋的菊池武房。竹崎季长一想，这边不是明明有"死老虎"可打吗？当下便激动得话都说不利索了，匆匆向菊池等人告了个罪，拍马直奔前方。

片刻不到，东征军在鸟饲的阵地已经遥遥在望了。眼见对方队伍中"旗色纷杂，钲鼓乱响"，果然有机可乘，竹崎季长也不打算等待后面的援军，扬鞭就要上前。身边人提醒他："这么着急忙慌，连个证见人都没有，将来怎么写战功申报书？"[1]竹崎季长想都没想，高喊一声："弓箭之道，以先得赏，冲啊！"带着那4名同样不知天高地厚的同伴，一马当先冲到东征军的阵前。

这群人一进入弓箭射程，便遭到迎头痛击。竹崎连同身边另外二名郎党，连人带马，身中数箭，差点当场断气。幸亏肥前国的御家人白石六郎通泰及时率领援军赶到，击退了东征军，把奄奄一息的竹崎拖回了本阵。

竹崎季长在第一次元日战争中的短暂经历，至此，便颇有些滑稽地画上了句号。不过，他这番苦头并没有白吃，我们稍后还会讲到。

六、"流将公"中箭

第二起事件，发生在博多方面的东征军中，非但几乎扭转了当天的战局，甚至对整场战争都产生了不小影响。这里距离

---

[1] 镰仓御家人申报军功，须有战场上的证人作证，这种证人可通过互换头盔（兜）等仪式提前约定。见関幸彦：《神風の武士像——蒙古合戦の真実》，吉川弘文館，2001年，第123页。

日本军的大本营更近,承受的压力比百道原上陆的东征军更大,战况自然也更惨烈。可惜,目前找不到什么史料来仔细描述。不过,博多上陆的东征军由左副元帅刘复亨指挥。老刘头身经百战,天南地北,什么大阵仗没见过?这种小场面,自然不在话下。于是,只见他领着一帮帐前的亲兵,一会儿在前方督阵,一会儿出入行间,指授方略,好不惬意,轻敌之心也悄悄滋长。不料,在一霎时的混乱之中,刘复亨劈头撞见了日本军的前线总指挥少式景资。

据少式景资回忆,当时他看到一条大汉,身长七尺,几缕美髯,优雅地垂至肚脐边上,身披青黑色的铠甲,骑着一匹套着黄金鞍的苇毛马,由十几名骑兵和70多名步兵簇拥着,来回奔驰。(《八幡愚童记》)

刘复亨这套出场行头,确实有宋元通俗演义中吕布、关羽之类的名将风范。我国古代的军事人物,以如此光辉高大正面的形象,出现在外国的历史记载中,大概也是凤毛麟角,很值得夸耀一番了——如果没有接下来发生的事故的话。

接下来,画风突变。两人大概同时判断,对方装束不凡,如果不是主帅,至少也是一员大将!不等少式景资迟疑,敌方大将竟然把大部队抛在身后,拍马向他扑来。少式景资佯装不敌,策马转身就跑。一追一逃之间,他瞅着一个空当,拉弓、转身,瞄准冲在最前方的大将就是一箭。少式景资在日本军中素以善射著称,这一箭呼啸而去,狠狠透入对方的前胸护甲,那人大吼一声:"哇呀!"从马上跌落下来,面色苍白,双眼紧闭，不省人事。后面的亲兵连忙一拥而上，抱起落马的军官，朝海边撤退。

那匹套着"金福轮鞍"的苇毛马，没了主人，在暮色深沉、尸横遍野的战场附近徘徊不去，发出阵阵长嘶，被日本军士兵牵了回来。后来审讯"蒙古俘虏"时，日本人才得知，这是"大将军流将公之马"。《高丽史》的《金方庆传》也说，当天会战中，"复亨中流矢，先登舟"。这个"流将公"，必是"刘将公"无疑。

在笔者经眼的林林总总的研究资料中，似乎只有服部英雄不相信少式景资捡了个这么大的便宜。[1]服部提出两点质疑：一是"将公"和"复亨"汉语发音差太远；一是刘复亨作为全军的副元帅，不可能冲锋在前。《高丽史》说刘复亨"中流矢"，应该是在阵中被乱箭射伤。这两个说法如今看来都不成立。"将公"诚然无法对应"复亨"，但发音近似"相公"，特别是《八幡愚童记》中的"大将军流将公"，既称大将军又称"将公"，语涉重复。在宋元俗语中，"相公"是对有地位的男子的尊称。宋代不仅宰相可称相公，一些高级武官也称相公，例子在正史和笔记小说中随处可见，如拳打镇关西的鲁智深口中的"经略相公"。想来，那个俘虏说的大概是："大将军刘相公"。何况，刘复亨被抬回来时，并不会老实坦白：老夫当时是利令智昏，终日打雁，倒被雁啄瞎了眼。征战几十年，身上大小战创，少说也有十几处了，这么屈辱地被人从马上射下来，大概还是头一遭。连坐

---

[1] 服部英雄：《蒙古襲来》，山川出版社，2014年，第105—106页。

骑也丢了，让老刘头的脸面往哪搁？只好掩饰一二，推说是中了什么"流矢"。

这个时候，太阳已经渐渐西斜，两军苦苦鏖战了一整天，没有几人不是浑身带伤、又乏又饿。百道原和麁原方面，东征军遭到惨烈阻击；博多方面，指挥官又负了伤，暂时退出火线。双方都没有从敌人那里讨得什么好，天黑了，只好各自收兵回营。日本军收缩到太宰府附近、天智天皇时代构筑的一座"水城"周边。这种水城原是日本在朝鲜半岛败给唐朝之后，为防范唐军来袭而构建的海防工事，孰料六百年后真的派上了用场。这座水城据说被北条时宗重修过，"石壁高丈余，亘数十里，其上平坦可骑"（《元寇纪略》）。特恩布纳还实地考察了水城遗址，发现城宽40米、高15米，坐落在面向博多湾的山间平地上，高处架设水渠，引水入城濠。[1] 为了提防敌人夜袭，除了在岸上布置了部分巡哨，元朝东征军的主力部队干脆回到了近岸的船上休整。

---

[1] Stephen Turnbull: *The Mongol Invasions of Japan 1274 and 1281*, p.48.

第七章 "文永之役"三大疑案

一、"矢尽而还"？

十月二十日晚，夜色笼罩下的博多湾，自喧嚣重归寂静，只有玄界滩涌来的海浪，不停冲刷着岸边的礁石，发出有规律的哗哗声。不过，只要稍稍仔细感觉，滩头仍然弥漫着一股忽浓忽淡的血腥味，黝黑的松林里也是杀机四伏。

此刻，在东征军船队的旗舰上，高级将领们围坐一桌，眉头紧锁，相顾无言。是退还是进？真个愁煞人。隔壁另一间船舱内，"流将公"自从被亲兵七手八脚救回来后，就一直赌气僵卧在一块木板子上，此刻又是箭疮发作，疼得龇牙咧嘴。

老刘头算是废了，一时半会指望不上他。都元帅忽敦无奈地瞧了洪茶丘等人一眼，发现在座诸位对这一事实均心照不宣。过了许久，还是金方庆脾气急，耐不住气氛沉闷，先开了口：

兵法上说:"千里悬军,其锋不可当。"我军人数虽然不多,但既然进入了敌境,士兵人人都会拼命。春秋时候,秦国将领孟明视攻打晋国,渡河之后就把自己的船烧了,韩信背水列阵,大破赵军,都是这个道理。还请大帅下令,明日继续战斗。

忽敦闭上眼睛,考虑了一会儿,没同意老金的要求:

金将军说的有理,但是兵法上也说:"小敌之坚,大敌之擒。"我军目前已经很疲劳了,探子回报,敌军的增援好像还在不断赶到。这么硬拼下去不是办法,还是撤退吧。

以上是《高丽史》中原原本本的对话,翻译成了现代白话。金方庆的立场,正是前面说过的《孙子兵法·九地》中"轻地则无止""投之亡地而后存,陷之死地然后生"这类意思。忽敦引用的"小敌之坚,大敌之擒",来自《孙子兵法·谋攻》,说是人少就不要跟强敌死磕。这都是些老生常谈。与其相信,在这场关键的内部会议上,东征军将领纷纷就古代最伟大兵学著作的理论联系实际问题,心平气和交换了各自的心得,笔者毋宁相信,当时众人吵得面红耳赤,不欢而散。这番对话,不过是编好给别人——特别是忽必烈——看的一套说辞,如果出了事,大家表面上都有理有据。

在这场争论中,洪茶丘是什么立场,迄今还没有发现任何记载。隔壁的刘复亨,作为沙场经验丰富的老将,本可以贡献一点更有建设性的意见。如今,这些话到了嘴边,只剩下强忍伤痛的哼哼呀呀,没人听得明白。

《高丽史》接下来记载:

> 遂引兵还。会夜大风雨,战舰触岩崖,多败。侁堕水死。

看来,主张撤退的意见最后占了上风。然而,没过多久,北九州地区就刮起了大风。夜半时分,居然恶化成了风暴。东征军的船队在狂风怒涛中上下颠簸,不是互相挤撞,就是触礁沉没。高丽将领金侁还倒霉掉进海里,抢救不及,一个浪头打下去,人就不见了。东征军夜里平白无故又损失一场,只好收拾残兵,掉头返回合浦港。

不少研究者正是这样把"大风暴"看成东征军撤退的主要原因。日本气象学家荒川秀俊指出,从1950年以后60年间的气象统计数据看,农历十月二十日以后,西日本从来没有过台风登陆的现象,这场没来由的"大风暴"实在是有些可疑。

当然,东征军为何撤退,《元史·日本传》还有个更实际的说法:

> 官军不整,又矢尽,惟虏掠四境而归。

20世纪90年代,有个非常较真的日本学者太田弘毅,就"官军不整,又矢尽"这7个字到底是什么意思,写了一篇很长的文章。归纳起来,太田觉得"官军不整"主要有两层意思:一是"军议不合",说的就是忽敦、金方庆等人各执己见,不相上下;一是东征军船队的组成太庞杂,指挥调动不便,高丽修造的这批船,新旧参半,容易破损。"矢尽"则是说,当时东征军频繁使用弓箭齐射,加上鏖战竟日,箭矢消耗远远超出预计。第一次东征结束后,元朝开始专门派人到高丽的庆尚道、全罗道等地,搜刮民间的"箭羽、镞铁",又勒令高丽朝廷"除造战船及箭铁"。(《高丽史》卷28)可见"矢"确实是"尽"了。[1]

太田对"矢尽"的分析,还算比较中肯,至于"官军不整",大概不是说船的事,而是元军本来人数就少,大战之后,各千户、百户更是减员严重,又没有增援补充,加上装备损毁,弹药消耗。这些问题,如果首战告捷,也许不会这么早暴露出来,可现在情况就很严峻了。既然第二天没有再拼一场的实力,不走还等什么?全军已经撤回船上,打算朝对马、壹岐方向航行,谁料又遇上了风暴,诚然可怜,但那并不算东征军撤退的主要原因。

二、忽必烈的"秘密武器"?

《八幡愚童记》记载,东征军使用的箭矢虽短,但矢尖涂有

---

[1] 太田弘毅:《蒙古襲来:その軍事史的研究》,錦正社,1997年,第5—32页。

毒药。后来的《元寇纪略》干脆夸张地形容:"毒箭雨注,中之者皆毙";日本军据说还遭到了"铁砲"轰炸,这种武器和足球差不多大小,"连发二三千,飞鸣如雷,其势迅于车轮,下坂烟暗,不知东西。"

东征军到底有没有使用"毒矢"或"铁砲"这类"非常规武器"呢?

多数研究者默认《八幡愚童记》记载属实。只有李则芬先生在《元史新讲》(二)第十章《元军二征日本》中,专门写了一节(《几个无稽之谈》),极力主张这两种武器是子虚乌有的编造:"中外的蒙古历史,都没有毒箭记录。"若说是东征军中的女真族士兵用了"毒矢",还能说得通,毕竟中国古代有些东北少数民族,如勿吉、靺鞨和挹娄,是有过"造毒箭"的传说,但《金史》却从未有过关于毒箭的记载。何况,古籍记载,制造毒箭有特定的季节(七八月),毒性一定也有时效。东征军出征迁延甚久,就算有毒箭,毒效大概早过期了。

至于什么"铁砲",李先生以为更是荒唐,一定是把元朝采用西域传来的"西域砲"攻克襄阳的故事,照搬到了日本。因此,他针对当时的东征军绝不可能使用西域砲,做了许多考证。[1]

李则芬先生半生戎马,国民党军败退台湾后,折节著史。《元史新讲》这一章,比较完整地介绍了战争始末,其中许多观点,今天仍有参考价值。前面讲忽敦和忻都不是一人,就采用了李

---

[1] 李则芬:《元史新讲》(二),第162—166页。

先生之说。不过,他也讲了不少极为武断的话。比如,各种记载都明说赵良弼出使,从今津上岸,到了太宰府。李先生却一口咬定,赵良弼只到过对马岛,回来报告的那些什么"睹其民俗,狠勇嗜杀""其地多山水"云云,都是对马岛的情况,做不得数。这就近乎不讲道理了。关于"毒矢"和"铁砲",也是一样。

果真如李先生所说,"中外的蒙古历史,都没有毒箭记录"吗?也不尽然。南宋《黑鞑事略》里列举了蒙古军的几种箭矢:"有响箭、有驼骨箭、有批针箭"。"批针箭"又作"迷针箭",白石典之认为可能就是毒箭。"东北亚细亚和西伯利亚民族自古常用乌头一类的植物性毒药进行狩猎",《蒙古秘史》中有成吉思汗和窝阔台颈部中箭,要别人吮吸淤血吐出的记载,白石典之也认为是毒箭存在的证据。[1]成吉思汗的父亲也速该,回家半途中偶遇塔塔儿部的人,一起吃了顿饭,就被趁机下毒身亡。如果蒙古人从不用毒,为何随身携带毒药?

这些记载虽然比较间接,大抵不难了解,毒箭并不是什么特别高端的武器。《天工开物》记载了一种"射猛兽药箭","用草乌一味,熬成浓胶,蘸染矢刃,见血一缕,则命即绝,人畜同之",也没听说还有什么保质期。至于李先生拿台湾当地的农药"速灭松""益农产"保质期不到半月当佐证,我们只能一笑置之。

最近的一种质疑声音,来自北冈正敏。他推测,"毒箭"或

---

[1] 白石典之编:《チンギス・カンとその時代》,第265—266页。

许是有，但是毒效微弱，否则，竹崎季长身负多处箭伤，绝无可能活蹦乱跳地从九州溜到镰仓邀功；也可能东征军为提高己方士气和恐吓敌军，散播了关于"毒箭"的虚假宣传。[1]

毒箭之有无，先不妨存疑，东征军的"铁砲"就比较确实了。李先生先存了西域砲是一种火器的误解，又误以为日本人记载的那种火器就是西域砲。前一种误解是多年前就被淘汰的学术老皇历了。西域砲只是一种威力更大的抛石机，弹石重达150斤，"入地七尺"。[2]何况，东征军的"铁砲"和西域砲并没有什么关系。

博多湾考古发掘出来的几个铁疙瘩，《八幡愚童记》《太平记》等文献的描述，再加上《蒙古袭来绘词》的图像证据，完全可以肯定，"铁砲"就是宋元战争中常用的"铁火砲"：一种用铁质球形容器装填火药的抛掷炸弹。北宋初期的"火球"类火器，一开始是用纸壳包裹，后来用陶瓷的火蒺藜、火罐，金朝改用铁罐，有合碗、罐、葫芦、圆球4种形制。到了南宋同元朝沿长江对峙的时候，"荆、淮之铁火砲，动十数万只"。（李曾伯《可斋续稿》后卷5）元朝军队围攻广西静江府时，一个姓娄的南宋军官和他手下两百多条汉子不肯投降，点燃了一枚"火砲"，集体自杀，"声如雷霆，震城土皆崩，烟气涨天"，围城的元军"多

---

[1] 北冈正敏：《蒙古襲来の真実：蒙古軍はなぜ壊滅したのか》，第214—215页。
[2] 杨志玖：《蒙元代"回回砲"的东传及其作用》，《元代回族史稿》，南开大学出版社，2003年，第328—336页。

惊死者"。等火灭了再看,"灰烬无遗矣"。(《宋史·马塈传》)可见爆炸的威力不小。[1]

李先生把"铁砲"和西域砲搞混了,多半是受了《元寇纪略》的误导。《元寇纪略》在"铁砲"的记载后,插入了一大段小字考证,其中很大一部分就是关于襄阳西域砲的。但是,在这段考证最前面,确实提到了南宋采石之战用的"霹雳砲","以纸为之质,实以石灰、硫黄,投水中而火,自火跳出,纸裂而石灰散为烟雾,眯人耳目",还有金朝同蒙古作战用的"震天雷","以铁罐盛药,以火点之,砲起火发,其声如雷。"不论是"霹雳砲"还是"震天雷",和东征军使用的"铁砲"都属于同一类型的火器。

不过,在当时的中国内陆,"铁砲"主要用于要塞攻防,很少在野战中出现。我们能找到的元初战例,来自《元史·李庭传》。1287年(至元二十四年),东北的蒙古宗王反叛忽必烈,刚参加完第二次征日战争的女真名将李庭,领兵北上平乱。某日,李庭追击叛军到一条大河前面,眼见天色已晚,叛军已经在河对岸扎营。李庭"选锐卒,潜负火砲,夜泝上流发之,马皆惊走"。趁叛军失去战马,李庭率主力在下流泅渡,大胜叛军。

在这个故事里,"铁砲"主要用来达成奇袭,因为声光效果骇人。它在博多湾附近开阔的野地上,究竟有多大杀伤力,还

---

[1] 王曾瑜:《宋朝军制初探》(增订本),中华书局,2011年,第386页。

是个疑问。其实，"毒矢"也是如此。这两种武器的实际效果，决计不会像日本记载中描绘的那么夸张，然而，也不是什么单方面的"虚构"或"编造"。这次战争，是否也承担着元朝军方对这两种"非常规武器"的实战检验呢？

三、败了？胜了？

1274年（元至元十一年，高丽元宗十五年，日本文永十一年）农历十月二十一日，凌晨，日本军派往前方的斥候，将一个令人难以置信的消息传到了博多的大本营——太宰府水城："百道原、博多、箱崎、今津各处水面上，不见'异国贼'的一人一船！"

一夜之间，穷凶极恶的敌人走得干干净净。仔细搜寻之下，日本军在志贺岛附近发现了一艘剩下的元军船只。这艘船大概是风暴中与大军断了联系，迷失航向后漂流至此。船上据说有百余名东征军士兵，多数被抓到水城之前，斩首示众。围观的九州武士齐声欢呼，久久不肯散去。经历昨日的血战，包括竹崎季长在内的许多普通武士，大家都有劫后余生之感。

异国贼的船队撤离并在夜里遭遇风暴沉没的喜讯，到十一月六日，才通过报捷的快马送到京都的朝廷。八日，龟山上皇尽管前一天刚向十六社进献了祭品，祈祷西国的莽夫们赶紧把蒙古人赶跑，但接到大胜的捷报后大喜，又亲自前往石清水的八幡神宫举行了还愿的"御祈谢"；第二天，他又跑到贺茂社和北野社，举行了谢神的"御报赛"。

第二年（1275年，日本后宇多天皇建治元年，元至元十二年）的十月二十九日，武士们日思夜想的军功嘉奖令也下来了。这次只有120多名武士获得了赏赐。其中，一个叫山代谐的松浦党武士，在战斗中阵亡，幕府把肥前国惠利地方的一个地头职位，赏给了他的儿子龟丸。这份行赏状保存了下来：

将军家　政所下　肥前国惠利：

补任　地头职事

龟丸：

右，亡父山代弥三郎谐，以去年蒙古合战之功勋受赏，施行间，望能及早依先例处分之状。仰如前件，以下。

建治元年十月廿九日　安主菅野　知家事

今左卫门少尉　藤原

别当、相模守　平朝臣（北条时宗）

武藏守　平朝臣（北条义政）[1]

与日本全国上下一片欢天喜地、轻歌曼舞成鲜明反差，元朝东征军回国的路途显得格外坎坷和遥远。当初乘潮杀入博多湾的汹汹气势，今已荡然无存。《高丽史》记载，直到十一月二十七日，东征军才远远望见了合浦港。换句话说，返程比去程多花了一倍的时间。估计夜里遭遇大风暴后，东征军船队花

---

[1] 山口修：《蒙古袭来》，桃源社，1979年，第152—153页。

了大量的时间和人力,在海上搜救落水人员,集合失散的舰船,然后收拾心情和残兵,尽量摆出一副若无其事的样子,缓缓驶入没有花瓣飘洒,也没有凯歌和欢呼声的高丽海港。

回来一点人数,"军不还者,无虑万三千五百人"。(《高丽史节要》)损失了大约一半的兵力。

当年十二月,高丽军将领金方庆等人回到了高丽的王京。过了年,正月还没过,三大主帅忻都、洪茶丘和刘复亨就奉命返回大都,向忽必烈报到。

"惟虏掠四境而归"(《元史·日本传》)——元朝官方给这场损兵折将的远征定了性。不是"虏掠"吗?东征军和日本军激战了一天,一边是"伏尸如麻",一边是"死者相枕",撤退的时候拾点东西回来交差,还是很容易的。于是,《金方庆传》就说:"到合浦,以俘获器仗献帝及王"。和这批"珍贵的"战利品一同抵达大都的,自然还有三大主帅和帅府僚属。于是,《元史·世祖本纪》就说,第二年的二月丙辰(十五日),"赏东征元帅府日本战功,锦绢、弓矢、鞍勒"。

刘复亨的战马和金鞍,都丢在了大海另一边,如今得了一套御赐鞍勒,加上他是主帅中唯一挂彩的"把阿秃儿"(勇士),圣上难免要温言慰勉几句。老刘头一高兴,胸前的箭伤仿佛好了一大半。他大概想不到,将来自己的儿孙请人写墓志铭之类,暗地里夸奖他"统军四万、战船九百征日本,与倭兵十万遇,战败之"。(《元史·刘复亨传》)

又过了一年,高丽的忠烈王小心翼翼地提醒忽必烈:"我们的金方庆还没受赏呢！"老实说，连洪茶丘这样的"卖国贼"，都可以佩戴父亲的"元降虎符"，忽敦、刘复亨就更不用说了，他们的虎符上还镶着珍珠，明晃晃好不威风。金方庆身为高丽军的总指挥官，连个像样的身份标志都没有，参加联席会议也人微言轻，连带着高丽小朝廷颜面无光。于是，枢密院商量了一下，给金方庆发了一块元朝高级军官佩戴的虎符。于是皆大欢喜。

日本一方击退了外敌侵略，自然该举国庆贺，颁赏军功。问题是，元朝好像也觉得自己赢了。那么，这第一局究竟谁胜谁负？

克劳塞维茨在《战争论》的一开始，就把战争比喻成"扩大版的搏斗"（ein erweiterter Zweikampf）。"Zweikampf"这个词原意是二人决斗，必然是不死不休，直到一方彻底打垮对方的肉体和意志。这是德国战争哲学家的理想模型。放到现实中，古今战争的落幕方式花样百出，其中一种最荒谬又最常见的结果，正像两个小流氓刚刚撕扯完，互相揍了个鼻青脸肿，站起来，还都觉得自己占了对方的便宜，面有得色。这场忽必烈为满足一己之野心而发动的第一次征伐日本的战争，这场依据日本年号叫作"文永之役"的"国土保卫战"，恰恰是以这种方式落幕的。

这个结果，已然预告了接下来更多人的悲惨命运，注定了这场只持续了一天的血战，不过是另一个更宏大悲剧的序曲。

第八章 天边的风暴

一、龙口惨案

1275年（元至元十二年，高丽忠烈王元年，日本后宇多天皇建治元年）农历四月十五日，也就是忽必烈表彰征东元帅府立功人员的3个月后，一艘大船悄悄避开了对马岛至博多湾的交战警戒区，向东穿过浓浓的海雾，驶入长门国的室津（今山口县下关港）停泊。这个小港位于日本本州的最西端，往南与九州只隔了一条窄窄的关门海峡，平日里不要说大船，连小渔船也没见过几只。

根据《元史·世祖本纪》《北条九代记》等书，在室津上陆的是忽必烈的"日本宣谕使团"：正使杜世忠，副使何文著，计议官撒都鲁丁（色目人），书状官果，加上高丽的伴送使兼翻译官（舌人郎将）徐赞，一行5人。

忽必烈大概以为，去年小小教训了一下那个岛国，今年遣使，理应服服帖帖了吧，如果能绕开太宰府，直接找上"日本国王",事情或许有新的转机。日本方面记录这次元朝使团的来意是:"今度所贡来牒状,如前可顺伏之趣也。"(《关东评定传》)看来,还是要让日本低头臣服。不过,鉴于双方已经处于交战状态,这次出使很可能是要命的任务。虽然正使和副使临时挂上了礼部侍郎、兵部郎中这样漂亮的虚衔,使团全体成员在元初政坛上都是无名之辈。

杜世忠等人二月九日从大都出发,三月十日抵达高丽王京,四月中旬登陆日本。镰仓幕府接到地方上的报告,第一反应是大惊失色:原来自己狭长的西海岸线,处处可以登陆。没过多久,幕府就对山阳、南海道的各国下达命令,在包括长门在内的沿海要害地区执行"警固番役";同时,严厉警告去年战争中表现消极的御家人,宣布"或临战惕不进斗,或称守当境不驰向之辈",都犯了"不忠之科",今后要严厉处罚。(《大友文书》)[1]

"日本宣谕使团"被扣押了4个月,直到八月才由太宰府护送北上,绕开京都,前往镰仓。九月四日,北条时宗下令,在专门处决死刑犯的龙口,将5名元使集体斩首。

《镰仓年代记》还提到,杜世忠、何文著在被杀前分别写下了一首"临刃诗":

出门妻子赠寒衣,
问我西行几日归。

---

[1] 王金林编:《日本历史基本史料集》第一卷,人民出版社,2017年,第378页。

来时傥佩黄金印,

莫见苏秦不下机。(杜世忠)

四大元无主,

五蕴悉皆空。

两国生灵苦,

今日斩秋风。(何文著)

何文著的临刃诗,原型是高僧僧肇被后秦国主姚兴处死前,吟诵的四句偈:"四大元无主,五阴本来空。将头临白刃,犹似斩春风。"不过,这首诗直到北宋时才出现在一部禅宗语录《景德传灯录》里,是宋代禅僧的附会,和僧肇没什么关系。汤用彤先生在《汉魏两晋南北朝佛教史》中就说:"唐以前无此说,偈亦甚鄙俚,必不确也。"[1]禅宗和尚很喜欢搞临终颂偈这一套。北条时宗的父亲时赖(出家后称"最明寺入道"),临终也坐禅作颂:"业镜高悬,三十七年,一槌打碎,大道坦然。"杜、何等人的临刃诗,不甚高明,别处不见记载,很可能也是禅风盛行下日本和尚附会出来的伪作,不值得多讲。

"龙口惨案"过去4年后,1279年(至元十六年),忽必烈又派了一个使团来劝降。这个使团更是刚刚下船就丢了性命,只见《关东评定传》记载:

---

[1]汤用彤:《汉魏两晋南北朝佛教史》,中华书局,1963年,第329页。

弘安二年己卯六月廿五日，大元将军夏贵、范文虎使周福、栾忠相具渡宋僧本晓房灵泉、通事陈光等着岸，牒状之旨等如前，于博多斩首。

北条时宗悍然斩杀两拨元使，即便在日本学者当中，评价也是高度分化。认为这是北条时宗显示抵抗决心的"英断"，赞许、辩护者有之；认为违反了国际正义、属于野蛮行径的反省意见也有之。李则芬先生的书里就收录了好几人的评论，读者有兴趣可以参看。[1]

《三国演义》说赤壁之战前，曹操遣使，送来一封"汉大丞相付周都督开拆"的信。周瑜"将书扯碎，掷于地下，喝斩来使"。鲁肃在一旁劝说："两国相争，不斩来使。"周瑜不听："斩使以立威！"还是把人杀了，"首级付从人持回"。

杀不杀使，无非各执一词，哪有什么道义上的束缚。而且，外交使节被杀，放在有使节豁免权的近代，诚然骇人听闻，当时却不少见。成吉思汗崛起之初，派了一个豪华商务代表团去跟西边的强国花剌子模搞好关系，结果被对方的一个守将屠戮殆尽，引发了改变世界历史的蒙古西征。对方到底为什么杀使，是图财害命，还是像某些阿拉伯文史料说的，这些使节不仅刺探情报，还散布恐慌？现在都没搞清楚。1253年，忽必烈还是藩王的时候，奉命远征大理段氏政权。他先派了三名使节去劝

---

[1] 李则芬：《元史新讲》（二），第147—148页。

降。这年冬天,兵临大理城下,敌人已经弃城逃走,却迟迟不见这三人露面。忽必烈一想:"城破而我使不出,计必死矣。"果然,进城一搜,"乃得三使尸",气得他要屠城报复。(《元史·世祖本纪》)蒙古大军在亚欧大陆东征西讨,通常会按照古老的习惯,先派出使节劝降,然后才动手。这种使节,被杀的就很多。何况,蒙古外交官又兼搜集情报,深入敌后,存活概率一半靠随机应变,一半得听天由命。

我们不必相信对尼采理论的一种庸俗化解释:一切公理,到头来无非是赤裸裸的强权意志的表现。但是,人类社会的一切价值观和道德尺度,毕竟有其特定的历史情境。这样说来,北条时宗斩使,确实谈不上违反什么"国际正义"。不过,他胆敢做出如此决绝的姿态,想必也做好了迎战准备?

二、有人枕戈待旦

从1274年第一次战争结束,到1281年第二次战争开打,足足间隔了7个年头。这7年时间,虽然不能给镰仓幕府留下越王勾践那般"十年生聚,十年教训"的余裕,但也足够做很多事情。其中有两件大举动,是不能不提的。

一件是"石筑地"(今名"元寇防垒")的建造。就是以敌军最可能登陆的博多湾为中心,修筑一道绵延20多公里的防御工事。这道石筑地从博多湾东边的箱崎附近开始,向西经过博多湾、今津湾沿岸，延伸到今津西北的后滨。[1]工程自1276年（元至元十三年，日本建治二年）三月开工，期以八月完工。实际上到第二年的正月才修完主体部分，后续修修补补，一直到1332年（元至顺三年，日本元弘二年）。这个时候，元朝皇帝已经是忽必烈的玄孙，镰仓幕府也快倒台了。

1967—1970年，日本对博多湾一带的石筑地遗迹做了一番发掘调查。从调查结果看，这道石墙高2米多、底部宽3米多。石筑地对海的一侧修得很陡，不易攀登，向内陆的一侧成斜面，便于防守一方上下，就是所谓的"险外易内，难攀附而易骑登，以便临射"。（《元寇纪略》）石墙外侧用大块岩石堆砌，内部则用小石块填满。修筑所需的石材，取自博多湾周边地区，搬到船上运过来。修不了石墙的地点，如河口，就打上木桩（乱杭）。另外，还要准备一些船只、盾牌、箭矢和旗帜，以备不时之需。

当时，幕府专门设立了"要害石筑地役"，以国为单位，摊派各国负责修筑的区段。一国的全体封建领主，不管是不是御家人，都要按照占田多少，分担劳役和费用。摊派的比例，从大隅国的课税文书看，是有一町田地，就有义务修筑一尺；如果一个领主有100町地，就要修筑30多米石筑地。一开始，领主带着领地内的农民去工地搬运石材、修筑工事，后来干脆变成了一种税，幕府把钱收上来，另外雇人干活。

同看得见、摸得着的石头墙相比，另一件就有些夸张了。

---

[1] 竹内荣喜:《元寇の研究》，第24页。

1275年（元至元十二年，日本建治元年）十二月，幕府向九州诸国加上安芸国的御家人宣布，要搞"异国征伐"。

这个有点疯狂的想法，是打算来年初春，以九州的军队和水手为主力，编成一支远征志愿军，由总司令少式经资率领，漂洋过海去回敬一下敌人。虽然没有明说是哪个"异国"，但种种迹象表明，就是高丽。

幕府说干就干，马上下令统计九州地区可以动员的兵员姓名、年龄、装备，还有船舶、艄公和水手等信息。这项工作来年三月二十日前必须结束，四月中旬，远征军就要在博多湾完成集结。

第二年，御家人纷纷按期上交了"注进状"。从保存至今的几份状纸看，大多在哭诉各种各样的困难和妨碍。幕府一看，大家热情都不高，只好作罢。[1] 不过，也有一些积极分子自发在高丽沿海搞了一些小规模的海盗活动。《高丽史》记载，1280年（高丽忠烈王六年，日本后宇多天皇弘安三年），"倭贼入固城、漆浦，掳渔者而去"。没过几天，"倭贼又寇合浦，掳渔者二人以归"。吓得高丽慌忙加强南部的海警，又派人去元朝搬救兵。

前面讲过，北条时宗一贯秉承"攘外必先安内"的政策。第一次战争前，他就趁机除掉了自己的哥哥时辅和名越家族。这次，趁着国内抓紧备战的工夫，他又把九州和其他好几个国（筑后、肥前、肥后、周防、长门、石见、伯耆、越前、能登）的守护，都换成了自己人，再度强化了执权的权力，即所谓"得

---

[1] 黑田俊雄：《蒙古袭来》，第100—103页。

宗专制"。[1]

除了正儿八经的备战，第一次战争期间在日本蔚然成风的"敌国降伏之祈祷"，如今也是花样翻新。除了朝廷继续在比叡山延历寺和山上四王院举行"异国降伏的御祈""大法乐"佛事，1281年（日本弘安四年）六月十八日，龟山上皇心血来潮，要在皇家佛堂举办什么"转读"[2]《心经》30万卷活动。京都的公卿殿上人等，共250人，每人分到了1200卷的转读任务，堪称一时盛会。[3]

本书引子提到的那对主宾，北条时宗和无学祖元，也不甘人后。北条时宗年轻气盛，搞了一个刺血写经，就是蘸着自己的血，和着墨抄写佛经。刺血书经讲究很多，如果经书篇幅很短，可刺舌尖之血，如果篇幅太大，就要刺指头或者手臂的血，又或者混合一些金粉、朱砂、墨汁之类，刺血之前还要斋戒忌食。（印光法师《复弘一师书之一》）也不知道时宗刺的是什么血，不过，龟山上皇读的《心经》才260个字，时宗抄的《金刚经》和《圆觉经》，动辄几千甚至上万字，足见"勇猛精进""重法轻身"了。因此，无学祖元为了勉励北条时宗，特地升座发布了一段法语，其中说道：

> 诸佛坐宝莲，常说如是经。一句与一偈，一字与一画，

---

[1] 網野善彥：《蒙古襲来》，小学館，1974年，第249页。
[2] 以抑扬顿挫的声调朗读。
[3] 相田二郎：《蒙古襲来の研究》，第63页。

悉化为神兵，犹如天帝释与彼修罗战，念此般若力，皆获于胜捷。今此日本国，亦愿佛加被，诸圣神武威，彼魔悉降伏，生灵皆得安，皆佛神力故。(《佛光国师语录》卷3)

读经抄经，无非是为了释放一下心理压力，有压力实在太正常不过了。因为，日本人不可能不了解，短短7年时间，东亚世界的格局就发生了翻天覆地的变化。祖元和尚之所以要东渡日本，恰恰说明，此前唯一为日本分担了元朝大部分军事压力的南宋，已经从地图上消失了。[1]

三、有人实力暴涨

杜世忠一行在龙口被斩首的消息，过了4年才传到了忽必烈那里。当年，高丽忠烈王派了一名翻译官和30名水手、艄公送杜世忠等人前往日本，只有4名艄公活着回来报信。1279年（元至元十六年，高丽忠烈王七年）八月，一名叫池瑄的高丽使臣，押送着这几名幸存者兼目击证人，出发前往大都，向忽必烈报告这个坏消息。

接到高丽的报告，忽必烈面沉如水。"宣谕日本使团"下

---

[1] 日本的《勘仲记》在1279年（元至元十六年，日本弘安二年）七月廿五日写着："如传闻者，宋朝为蒙古已被打败，日本是危……"（王金林编：《日本历史基本史料集》第一卷，第377页。）

落不明,他多少也预感到,这次遣使大概不顺利,不料小小岛夷,居然不识抬举到这个地步。好在忽必烈并没有把征服日本的希望寄托在这个使团上。早在战争结束的当年,他就派出了一支1400人的原南宋军("蛮子军")进驻高丽北部,同时继续逼迫高丽供粮、造船、造箭。可见,忽必烈早就准备来硬的一手。他迟迟隐忍不发,甚至接到龙口惨案的报告后又等了两年多,却是另有原因的。

1276年(至元十三年)初夏,四月二十八日,占领临安、完成南北统一大业的伯颜,押送着南宋的小皇帝和太后一行人,从大都北上,缓缓经过驿道,前往忽必烈避暑的上都。一路上,这支报捷的队伍前面,始终竖着一面巨大的红色旗帜。这面大旗,或许就是伯颜下令屠杀南宋常州全城军民之时,让自己的帐前牙兵插在城楼最高处的那面"赤帜"。现在,这面浸染了血腥和杀伐之气的帅旗上,用金线绣着4个龙飞凤舞的大字:"天下太平"。(刘敏中《平宋录》)

天下是统一了,可是没有太平。

伯颜向忽必烈献上了一份不折不扣的大礼:"得府三十七、州一百二十八、关一、监一、县七百三十三,户九百三十七万四百七十二,口千九百七十二万一千一十五。"(《元史·世祖本纪》)这是新并入大元版图的原南宋基业。忽必烈接过礼单,心情却是喜忧参半。喜的是卧榻之侧再无他人酣睡,自己终于成为名正言顺的"中国之主";忧的是偌大一块肥肉,实在不好消化。先不说南宋最后一支成建制的抵抗力量,三年后才在崖山海战中覆灭,就是已经到手的江南地区,还年年爆发叛乱。大小"剧贼",前仆后继,死灰复燃,或残破一州一县,或席卷数省。东征日本,暂时是有心无力。于是,几乎就在同一时间,元朝中书省下令高丽:暂停造船、造箭。各地已经造好的箭矢,经"军器别监"检阅后,"藏于京山府硕州"。(《高丽史节要》)。

当然,吞灭南宋,远远没有填满忽必烈的欲壑,反倒助长了他征服日本的野心。南宋亡国那年,夏贵、吕文焕、范文虎、陈奕等一批投降元朝的南宋将领北上觐见。忽必烈当场就让身边的一名近侍问话:"日本可伐否?"降将们连忙异口同声表态:"可伐!"这位近侍实在听不下去,在一旁说:"宋与辽、金打了快三百年的仗,现在天下太平,百姓好不容易喘口气。要打仗,不妨再等几年。"(《元史·耶律希亮传》)

那么,问题来了,平稳顺畅地消化吸收南宋的土地和人口资源,同时对外采取扩张主义,二者看似是无法调和的政策目标。不过,元朝很快就发现了一个多少可以两全其美的思路:把江南社会的不安定因素输出到海外去,把国内矛盾转化为外部矛盾。

江南社会维护稳定的最大负担,就是南宋总数高达六七十万的职业军队。唐末五代以来,募兵代替了征兵。两宋的军队说是"募"的,其实不外乎以下几个来源。一是"灾年招兵",每当凶岁灾年,朝廷就出面把马上要沦为流民或盗匪的人,都招到兵营里监管起来。二是各种犯法的刑徒,也可以"招刺"当兵。三是强行抓壮丁充军。这样一来,兵员素质急剧下降,养兵的费用却猛增。两宋素称"积弱积贫",这个制度要负很大责任。另外,刺字黥面,本来是古代给罪犯施加的肉刑。宋代沿袭五代的弊政,当兵的照例要在脸上、手臂或手背这些部位刺上军号。当时法医给军人验尸,就要先检查"其尸有无军号,或额角,或面脸上所刺大小字体,计几行或几字,是何军人"。(宋慈《洗冤集录》)[1] 当兵等于受刑,军人的社会地位和人格自尊,自然一落千丈。宋人沾沾自喜,以为是"收拾一切强悍无赖游手之徒",一变为"良民之卫",其实正如王学泰先生所言,"本意在于把游民军人化,其结果却是军队的游民化"。[2]

这六七十万职业军队,元朝接收以后,取了个几乎激不起任何认同感和归属感的名字——"新附军"。新附军士兵如不愿或者不能复员回家种田,只好混迹都市,拉帮结派,打架斗殴,坑蒙拐骗,骚扰无辜,就算不同反叛军合流,也是严重的社会隐患。1278年(至元十五年),枢密院向忽必烈报告:

> 收附亡宋州城新归附请粮官军、并通事马军人等,起初行省官员分俵军官管领来。塔不歹说:"军官每不肯用心存恤,多有四散在外,求趁衣食,因而做贼说谎。及有放罢为民,官员隐占。若不招诱存恤,似为不便。"(《元典

---

[1] 转引自王曾瑜:《宋朝军制初探》(增订本),中华书局,2011年,第271—277页。

[2] 王学泰:《游民文化与中国社会》(增修版),第187页。

章·招诱新附军人》）

这些流氓团伙，甚至到南宋亡国快半个世纪后，还余患未已。1313年（元仁宗皇庆二年），还可以看到官方报告说：澉浦（今浙江省海盐县南）港的出海口附近，有"新附军人弟男子侄，结连灶户、卤丁、恶少、泼皮人等，纠合成群，执把器仗，白昼聚众抢劫商船财物"，比海盗还嚣张。（《元典章·禁治抢劫船只》）

南宋除了出身正规军的兵痞，还有一支"特种兵"，那就是前面枢密院提到的"通事军"。根据刘晓先生的研究，"通事军"的基干，是因各种缘由从元朝逃亡到南方来的蒙古人、色目人。[1]南宋将这些北方逃兵纠集成军队，打起仗来作风狠辣。南宋著名的扬州守将姜才手下就有一支"通事军"。1275年（元至元十二年，南宋德祐元年），姜才带领这支通事骑兵参加扬子桥之战，战败撤退之际，嫌自己一方的步兵挤在后方挡了退路，竟然屠杀步兵，扬长而去（"所部步兵遮其归路，才遂杀步兵，取道还扬州城"）。[2]和平年代，怎么安置这帮桀骜不驯的亡命之徒，也让元朝政府伤透了脑筋。

于是，只见《元史·世祖本纪》记载，1280年（元至元十七年，高丽忠烈王六年，日本弘安三年）秋七月：

---

[1] 刘晓：《宋元时代的通事与通事军》，《民族研究》2008年第3期。
[2] 周思成：《〈马可波罗行纪〉剌木学本"乃颜之乱"章所载"步骑相资法"新证》，《国际汉学研究通讯》13—14期，2017年。

> 诏括前愿从军者及张世杰溃军，使征日本。命范文虎等招集避罪附宋蒙古、回回等军。

一句话，赶紧让这帮祸害去打日本！

范文虎率领的10万"江南军"多数就是这样来的。这些人，打败了是炮灰，打赢了，便是未来殖民地的第一批内地居民。

怎么把这么多殖民军队运到日本去？如今交通工具显然不成问题。南宋一亡，新兴的元朝水师马上从长江沿线和近海解放出来。在同南宋作战的过程中，元朝军队还俘获了大量内河船舶和海船。光是丁家洲一战，参战的2500余艘南宋战船，落入元军手中的就达2000余艘，其中有"黄鹄、白鹞"海船700余艘。崖山一战，元军又俘获海船800多艘。21世纪初，日本考古人员从第二次征东战争的古战场——鹰岛的海底，发掘出一批漆木制品，其中一块残片上，用朱笔写有"元年殿司修"等字样，应该来自南宋殿前司（禁军）下属精锐水军的船舶或者武器。中岛乐章和四日市康博据此推测，范文虎率领的"江南军"乘坐的3500艘战船，多数是从南宋俘虏、接收的。[1]至于这批旧战船中，有些仓促改造一番就出海的河船江船，在日本遇到"神风"，表现惨不忍睹，我们后面另表。

另外，南宋在明州（今宁波）、泉州、广州等地重要的造

---

[1] 中岛乐章，四日市康博，郭万平译：《元朝的征日战船与原南宋水军——关于日本鹰岛海底遗迹出土的南宋殿前司文字资料》，《海交史研究》2004年第1期。

船基地,也被元朝照单全收。[1]随着元朝在南方逐渐站稳脚跟,为征日大军改造或者新造战船的工程也纷纷上马。从1279年(元至元十六年,日本弘安二年)开始,元朝下令在河北、湖广、江西、江浙、福建和高丽等地,以3000艘为额,大肆修造战船。

据说,为了搜刮造船用的上好木料,元朝官吏及其爪牙们把江南的寺庙、道观和百姓坟墓周围生长多年的古树,统统砍光。"每株大木,不下二三百人拖拽,逾山越岭",途经一百多里地,才到达海边的造船厂。路费超出木价十多倍,人民倾家荡产,也难以应付。(吴澄《吴文正公集》卷88《刘忠宪公行状》)更后来,有人赋诗形容伐木造船给江南生态造成的破坏:

万木森森截尽时,青山无处不伤悲。
斧斤若到耶溪上,留个长松啼子规。

(《贞和集》僧断江诗)

为了赶工期,官府四处搜刮青壮年劳力充当工匠,"远者五六百里,近者二三百里",百姓"离家远役,辛苦万状,冻死、病死,不知其几"。(程钜夫《雪楼集》卷10《民间利病》)忽必烈还下诏,在各地调集军用物资。经办特使动辄以"军兴法"压人,弄得民怨载道,官吏也多是敢怒不敢言。这一时期,在

---

[1] 萧启庆:《蒙元水军之兴起与蒙宋战争》,《内北国而外中国:蒙元史研究》(上),中华书局,2007年,第364—365页。

南方当过官的人,他们后来的私人传记资料中,大多可以找到一笔关于此事的负面报道。

四、得志的武士

我们暂时离开宏大的备战场面,来仔细看看忽必烈的战争对东亚世界中渺小个体的命运,都产生了什么影响。我们选的个案是竹崎季长,还有日莲和尚。日莲宗的开山祖师,被信徒尊为"圣人"的人,今天当然不算小人物。不过那几年,他还只是个刚被赦免回来的流放犯。

且说竹崎季长在鸟饲的战斗中一马当先冲入敌阵,侥幸生还。回到肥后国的老家(今熊本县下益城郡丰福村)后,他一面养伤,一面巴望着幕府的恩赏。

某日,竹崎和其他"参战老兵"饮酒小聚,竞相吹嘘当年战绩之际,忽然听人传言,山代谐家的黄口小儿龟丸,居然也进入了下一批恩赏名单,马上就要得到一个地头职位。竹崎实在坐不住了,愤愤不平,打算直奔镰仓的奉行所上访。家里人纷纷劝阻:镰仓殿表彰的战功,若不是"讨死"(阵亡),至少也是"分捕"(斩获敌馘),你两头都不沾,无非胡乱冲了一下,至今欠着白石家的六郎一条命,趁早断了这个念头!竹崎不听,执意要去。

出发前一日,亲朋好友无一人来给他饯行,一摸行囊,也是羞涩见底。无奈,他只好把心爱的骏马和马鞍都卖掉,换了些盘缠,叫上两个年轻的伴当,先渡海来到长门国赤间关,找上了自己的乌帽子亲——加元服（成人礼）时为他戴上冠的特殊嘉宾——三井季成，打探风声。三井很是赞赏他的勇气，盛情款待之外，又额外赠送了马匹和盘缠。

1275年（元至元十二年，日本建治元年）八月十日，竹崎季长抵达伊豆。据说，从这里开始，他一路参拜各路神佛：三岛大明神、箱根权现，等等。在镰仓安顿好，他先去由比之滨泡了下温泉，神清气爽地出来参拜了鹤冈八幡宫，祈求此行得遂所愿。

十月三日，经过多方活动，竹崎终于找到了肯接见自己的人——幕府的"恩泽奉行"（负责颁赐恩赏的官员）安达泰盛。

安达家族一直是支持北条政权的有力御家人。北条时宗的祖母松下禅尼，是安达义景的女儿，时宗出生的产房就设在甘绳的安达府邸。义景之子安达泰盛是时宗的乌帽子亲，时宗自己又娶了安达泰盛的妹妹，两家关系非同寻常。时宗主政之初，北条政村、北条实时加上安达泰盛，组成了手握重权的"评定众"。"二月骚动"后，安达泰盛进一步收揽实权，彻底巩固了自己中枢重臣的地位。

面对这样一个大人物，竹崎开始有些结结巴巴，但总算把自己的来意表达清楚了：

"秋田城介（泰盛）大人，在下这些子劳效，诚然微末，却是肥后武士的头阵，少式景资大人亲口承认。此番若得不到镰仓的恩赏，在下必将抱憾终身，有何面目再见乡人……请您务必向镇西奉行大人确认一下……千万拜托了……"

见安达泰盛沉吟不语，面露难色，竹崎顾不上失礼，膝行上前，声音急切：

"在下所言，如有半分虚假，大人可提我的首级向山内殿（北条时宗）请罪！"

苦苦央求之下，安达泰盛勉强应承，破例替竹崎再争取争取。

这年的十一月一日，也就是太宰府公布120人的行赏决定后的第三天，沮丧透顶的竹崎季长，再次奉召来到安达泰盛的府上。

不料，刚一落座，泰盛就欣喜地向他宣布：幕府接受他的申诉，并当场将赐予领地（肥后国海东乡）的公文批件递到他手中。恩泽奉行亲自颁赏，空前满足了竹崎季长的虚荣心。霎时间，亲朋的白眼、一路的坎坷、多日等待的绝望，都抛到了九霄云外。眼见竹崎还没从狂喜中回过神来，安达泰盛命人牵来一匹套着豪华马鞍的骏马相赠。临行前，主人不忘一再叮嘱竹崎：异国贼再来之日，一定要为肥后武士做出个榜样，加倍奋勇争先，建立大功！

竹崎季长美滋滋地牵着马，心里期盼着这一天赶紧到来。

五、孤独的先知

在那个年代，还有一个怪人，不仅同样期盼"元寇"再次来袭，而且还万分肯定地预言：它一定会发生。这个人就是日莲。

日莲幼名善日麿，1222年（日本贞应元年，南宋嘉定十五年）出生在安房国（今千叶县安房郡）小凑的一个渔民家庭。

他16岁在清澄山的天台宗寺庙出家,第一次征东战争时,刚过"知天命"之年。这个人物的历史个性,实在非常独特。一本现代传记的作者井上义澄,称日莲是"佛教改革家"。这个评价形似而神不似。实际上,他更像西方宗教史上受神圣使命感感召,传播救赎福音的"先知"。放眼整个日本佛教史,若论先知或教主的"克里斯玛"(超凡魅力),恐怕连最澄、空海也比不过日莲这个人。

在日本,佛教的流布和光大很早,进入镰仓时代,不免丛生出种种疲态和乱象。当时势力最大的佛教宗派,有专为达官贵人"放焰口"的真言宗,有迷信念诵"阿弥陀佛"就能往生极乐世界的念佛宗,还有时赖、时宗父子极力扶植的禅宗。这个时候,日莲和尚受了冥冥之中的感召(在清澄山近旁的信众眼中却是"疯了"),开始拼命四处宣扬:"念佛是无间地狱业,禅宗是天魔所为,真言是亡国之恶,律宗是国贼妄说。"日莲感到,这个时代正是《法华经》说的"末法恶世",自己是指引正道的救世主、"本化上行菩萨",甚至是佛祖本身。

恰好,北条时赖当权的最后几年,接连发生地震、洪水、霜冻、饥荒和疫病等灾害。日莲和尚献给时赖的《立正安国论》形容当时惨状:

> 天变地妖,饿馑疫疠,遍满天下,广迸地上。牛马毙巷,骸骨充路……乞客溢目,死人满眼,卧尸为观,并尸作桥。

当时,朝野上下,无不恐惧战栗,禳灾祈福的法事一直没有间断过。日莲趁机向幕府谏言:天地灾异,皆因当权者和庶民迷信真言、念佛、坐禅,背弃了《法华经》正道,若不禁绝一切邪说,还要招来更大的灾祸。

《圣经·旧约》中那几篇先知书里面,随处可见"我万军之耶和华在忿恨中发烈怒的日子,必使天震动,使地摇撼,离其本位。人必像被追赶的鹿,像无人收聚的羊……凡被捉住的,必被刀杀。他们的婴孩,必在他们眼前摔碎。他们的房屋,必被抢夺……我必激动玛代人来攻击他们"等等这样的预言(《以赛亚书》13:13—18)。日莲的传教就是先知式的,镰仓日本好比他的"巴比伦""索多玛",蒙古人就是他的"玛代人"。《启示录》有"七封印""四异兽",日莲也预言了一套"三灾""七难",包括日变、星变、大火、大洪水、大暴风、大饥荒、内乱、外敌,等等。

先知的预言总是超越时空,不断被各种别有用心的人复活。近代日本掀起了"日莲主义运动",把日莲捧为"圣祖",叫嚣以法华精神为指导,以"大日本帝国"为"戒坛"实现"宇宙统一"。"九一八事变"的主要策划者石原莞尔,就非常痴迷这套东西。二战后,日莲宗与净土真宗并称现代日本两大佛教宗派,日莲宗的信徒组织"创价学会",拥有千万会员以及从幼儿园、小学到大学乃至政党(公明党)、NGO在内的一整套世俗势力。

这些身后之"荣",对当年惶惶如丧家之犬的祖师,并无丁点帮助。在镰仓,日莲咄咄逼人、毫不妥协的激进姿态,无异于明目张胆挑衅得势的全部佛教宗派,挑战他们背后的政治权力。日莲推崇的《法华经》里本有"无有余乘,唯一佛乘"这样严厉的判教。经中还说,当初在王舍城的法会上,佛陀刚一开口,就有五千僧众听不得这番高论,起身退场(《法华经·方便品第二》)。日莲把这种罢黜百家、我法独尊的"折伏思想"发挥到了极致。然而,日本的和尚和信众,显然没有五千僧众"礼佛而退"那般文明礼貌,他们顺手就操起锄头、枪棒,鸣鼓而攻之。翻翻日莲大半辈子的人生经历,满眼都是什么"小町法战""松叶之谷火攻""小松原法难""龙口法难"……总之,就是一部饱受迫害的血泪史。东西方宗教先知的传记,大抵就是这种风格。

1264年(日本文永元年)初冬,日莲带着几个徒弟返乡。走到半道,天已经黑了。在小松原的一片松树林里,他们遭到百余名仇家的埋伏。爱徒当场被杀,日莲的额头上也挨了一刀,混乱中藏到黑暗处,屏住呼吸,才逃过一劫。事后,日莲回想起那黑夜里向他劈来的刀,"仿佛雪亮的电光一样"(《与南条氏信》),仍然心有余悸。

1271年(日本文永八年),幕府本打算在龙口法场,给这"妖僧"来个同杜世忠等人一样的待遇,恰好传来北条时宗的妻子怀孕的喜讯,于是改判他流放荒岛。

孰料,第二年开春,就发生了时宗、时辅兄弟阋墙的"二月骚动",日莲"七难"中的内乱("自界叛逆难")仿佛实现了。再过两年,又传来元朝即将大举入侵的消息,"七难"中的"他国侵逼难",也不再是危言耸听。东征军第一次登陆日本前几个月,幕府发布了一纸赦书,将日莲从流放地佐渡释放。

回到镰仓,日莲发现,幕府毫无洗心革面、"护持正法"的意思。几经生死磨难,曾在十字街口大声疾呼,漠视群氓的辱骂和拳脚的先知,也不复当年的勇锐。这次,他悄然离去,在峡谷纵横、泉涧清幽的身延山,找了一处据说"昼不见日,夜不见月,夏天草盛,冬季积雪"的僻静之处,结了一个四面漏风的草庵,过了9年的隐居生活,在第二次征东战争的次年辞世。

据说,日莲从佐渡归来时,曾经参与迫害他的幕府官员平赖纲,代表北条时宗询问他:"蒙古国,何时渡到我们国来呢?"

日莲肯定地回答说:"今年必来。"(《日莲自叙传》)

第一次征东战争结束后,身延山中的日莲又写了《撰时抄》,对当权者发布了更严厉的警告。他预言"大蒙古国数万艘之兵船"还要来袭,因为幕府和佛教各派背弃了正法,护国的梵释、日月、四天王诸善神都舍弃了日本,只有靠"邻国的圣人""蒙古的天子"来完成上天的意图(天の御計),实行"治罚",结结实实教训一下日本!

第九章 东路军的困境

一、"八二六会议"与新战争计划

就在深山中的日莲和尚将"治罚日本"的厚望,寄托在"邻国的圣人"身上的时候,他大概想不到,这些"圣人"们正在上都的棕毛殿内,兴致勃勃地饮酒吃肉。

前面讲过,上都本名"开平",是忽必烈登基的"龙兴之地"。这个地方东西皆是一望无际的青色草原,南临清澈见底的金莲川。每到六月,川中就会开满金色的七瓣花草。由于地处燕山以北的高原上,夏季气温较低,上都也成了元朝皇帝清暑的陪都。忽必烈习惯在这里待到九月,才乘坐大象驮载的辇车,慢慢悠悠地南下返回北京。

棕毛殿就在上都城外,据说是一座"深广可容数千人"的白色毡帐(柳贯《观失剌斡耳朵御宴回》),穹顶覆盖着金色织锦。不过,那天的午宴,有幸进入大帐的宾客不多。除了高丽忠烈王这样的稀客外,座席最靠近大汗的,自然是盛宴的主角:右丞范文虎、忻都、洪茶丘,参知政事李庭、张禧(张拔突)。

1280年(元至元十七年,高丽忠烈王六年,日本弘安三年)农历八月二十六日,这一天,是元朝第二次征伐日本的指挥机构——征东行省的主要班子成员集体亮相的日子。

当天的菜肴似乎也准备得格外慷慨。在嘉宾面前的食案上,摆放着宫廷特供的黑色马奶酒,琉璃盏盛着的红葡萄酒,香飘四溢,又有驼峰、烧羊、天鹅、野麋、熊掌等许多平日绝难一见的塞北珍馐。赶巧,忽必烈在刚刚落成的察罕脑儿行宫[1]附近狩猎回来,又给宴席多添了几样新鲜的野味,吃得满席的宾客暗呼痛快。

酒酣耳热之际,洪茶丘起身举杯,一饮而尽,声音都有些颤抖:"臣若不举日本,何面目复见陛下!"(《高丽史》卷29)说完,貌似不经意地瞥了一眼对面端坐的忠烈王。

前征东右副元帅表过态,于是轮到范文虎等一干南宋降将。这些人无非齐声附和,引满举白,赌咒发誓:这次一定要直捣京都,向圣上献礼!

一阵喧闹过后,高丽忠烈王也起身,跪拜如仪,将杯中美酒一饮而尽。忽必烈正要开口照样表扬几句,孰料,一向寡言少语的忠烈王,却选择在这个场合,向忽必烈提出了一连串严肃的建议,这就是著名的"征日本七事"。"七事"中,与即将到来的战争干系最大的有:请求增派镇守耽罗的军队补充东征军,即《元史·世祖本纪》说的"益兵三万征日本";请求减少

---

[1]《高丽史》记作"阇干那兀",蒙古语意为"白色湖泊"。

汉军、高丽军，增拨蒙古军；请求向参战的全体高丽军官颁发金银牌符，征召中国沿海的民众充当艄公、水手，等等。不过，其中最为紧要的是第三事：

> 勿加洪茶丘职任，待其成功赏之。且令阇里帖木儿与臣管征东省事。(《高丽史》卷29)

不少研究者注意到，忠烈王此番积极表态，同他刚继承王位那会儿相比，不啻180度的大转弯。1275年（元至元十二年）正月，第一次征东战争落幕不久，忠烈王还派人苦苦哀求忽必烈，由于频年供给军需，高丽的国民经济已经滑到了崩溃的边缘，如果再派兵攻打日本，"其战舰、兵粮，实非小邦所能支也""伏望俯收款款之诚，曲谅哀哀之诉"。(《高丽史》卷28) 如今时过境迁，忠烈王本就比父亲圆滑，亲政三四年，他也开始有些战略眼光，学会了站在更高一点的角度为自己、为本国争取利益。

往近了想，对面打算搞什么"异国征伐"，倭寇屡屡在高丽南部沿海烧杀抢掠，这些噩耗，自然不时传到忠烈王耳中，令他整天忧心忡忡。若能借助元朝的力量铲除隐患，自然再好不过。往远了想，忠烈王清楚得很，老丈人野心勃勃，一旦无法证明自己比元朝豢养的"韩奸"更有利用价值，那么，在蒙古主导的欧亚体系中，高丽王室恐怕只能落得一个被淘汰、被取代的结局。这个征东行省（又名"征收日本行省"）和高丽国，和未来真正的"日本行省",会是什么关系?该如何利用"黄金家族"的驸马身份,提升高丽王室在蒙古世界秩序中的地位,等等,都是忠烈王不得不细细思量的问题。在上都之会上,他请求忽必烈不要重用洪茶丘,并主动把征东行省的事务揽过来,正是摆明了要抬高自己驸马国王的地位,争夺征东行省的最高控制权。当年十月,忽必烈下诏:"加高丽国王王賰开府仪同三司、中书左丞相、行中书省事。"(《元史·世祖本纪》)这是征东行省名义上的两长官之一。

该表态的人都表了态,忽必烈微微颔首,相当满意。不过,这一仗怎么打?忽必烈也给定了调子:

始因彼国使来,故朝廷亦遣使往。彼遂留我使不还,故使卿辈为此行。朕闻汉人言:取人家国,欲得百姓、土地。若尽杀百姓,徒得地何用?!(《元史·日本传》)

就是说,鼓励征东行省学习一下征服南宋的经验,不要乱搞大屠杀。这样,民心所向,日本州郡还不望风归降?至于具体的战术细节,忽必烈一向是不大关心的。新的作战方案大概是午宴结束后,由范文虎等人与枢密院的官员对着地图("圆看")商量决定的。《高丽史》留下了如下记载:

于是约束曰:"茶丘、忻都率蒙、丽、汉四万军发合浦。范文虎率蛮军十万发江南,俱会日本壹岐岛。两军毕集,直抵日本，破之必矣！"

根据"八二六会议"的精神，元朝计划兵分两路，一路称为"蒙丽汉军"，约4万人，一路称为"蛮军"，约10万人，先后从高丽和中国江南的港口出发，合击日本。这两路大军，现代研究者通常称为"东路军"和"江南军"，本书也沿用这个称呼。按照最初的方案，两军的会师地点是高丽南部的金州，后因"风水不便"，改在日本壹岐岛（《元史·日本传》）。再后来，这个会师地点又有大的变化，我们后面再讲。

二、不祥之兆初现

1281年（元至元十八年，高丽忠烈王七年，日本弘安四年）五月三日，东路军在新的三大帅——忻都、洪茶丘和金方庆的率领下，乘坐大小战船900余艘，自合浦港启程。去年夏天，忠烈王在上奏"征日本七事"的末了，曾主动提出，自己会亲自到合浦检阅大军，送勇士出征。他兑现了这个诺言。

先发的东路军，实际共42000人，其中征东都元帅忻都、洪茶丘统辖的蒙汉军15000人，都元帅金方庆和两名"管高丽国征日本军万户"朴球、金周鼎统辖的高丽军10000人，高丽的水手、艄公17000人。东路军的兵员构成与作战能力，同第一次东征军相差不多，也是驻扎在高丽的屯田军，补充上各处抽调的侍卫亲军和女真军。

东路军的司令部里，还有少数枢密院下属的参谋军官，负责联络、情报搜集和拟定作战计划。其中有个河北人郭明德（后来升任同金枢密院事）应召北上，顺道回家探亲。乡亲们一听是去打日本，很为他担心，悄悄告诉郭父："是役必乘舟浮海，前岁军士能生还者几人？君盍止之！"郭老爹大手一挥：要什么紧，这小子还有个哥哥给我养老送终，"委身报国，是吾志也！"（苏天爵《滋溪文稿》卷20《郭府君墓表》）[1]

浩浩荡荡冲出合浦的东路大军中，究竟有几人能如郭老爹这样乐观豁达？真不好说。反正，高丽军的统帅金方庆，肯定不是其中之一。

六月六日，也就是东路军出发将近一个月后，在博多湾的外侧海面，金方庆正立在旗舰高耸的舵楼上，心不在焉地眺望着面前这支庞大的舰队。微凉的海风迎面吹来，令人精神为之一振，却拂不开他紧缩的眉头。金方庆在回忆当年二月，征东行省集体向皇帝辞行的时候，忽必烈反复叮嘱的话：

> 又有一事，朕实忧之：恐卿辈不和耳。假若彼国人至，与卿辈有所议，当同心协谋，如出一口答之！（《元史·日本传》）

---

[1] 关于郭明德的记载是已故的王颋先生在《忽必烈汗远征日本史事补正》(《历史文献与传统文化》第9集，江西教育出版社，2002年)一文中首先指出的。

"同心协谋"吗？想到这里，金方庆嘴角不由得挂上了一丝讽刺的曲线。怎么个"同心"法？忠烈王向忽必烈推荐金方庆出任这次的高丽军统帅时，曾夸他"年龄虽迈，壮心尚在"（《高丽史》卷104《金方庆传》）。但是，说实在的，在两次征东战争之间，发生了太多事情，让金方庆不免有些心灰意冷。

比如，4年前（1277年），金方庆的仇人向元朝派驻高丽的镇守官（达鲁花赤）诬告他谋反。这个大案震惊朝野，唯一能拎出来的"证据"，不过是金方庆征战回来忘了上缴的46副盔甲，却从忠烈王、王后那里，一直闹到了元朝宫廷。直到忽必烈开了金口，金方庆才得洗雪冤情，官复原职。当时，领着300骑兵，气势汹汹冲进金府抓人的，就是他现在的顶头上司——忻都。

洪茶丘也听到风声，急忙赶来煽风点火，非要严刑逼供，置金方庆于死地，以便在高丽浑水摸鱼。《金方庆传》里讲，审讯时，洪茶丘命令手下拿铁索勒住金方庆的脖子，"若将加钉，又叱杖者击其头"。金方庆"裸立终日，天极寒，肌肤冻如泼墨"，洪茶丘意犹未尽，直到折磨得他"身无完肌"，当堂昏死好几次。如今，舵楼上威风凛凛的金元帅，身处千军万马之中，能左右无数人的生死，但他至死也忘不了，那日，自己带着沉重冰冷的枷锁，跪在堂下，抬起头，恰好看到了洪茶丘盯着他的眼神——那是一种看着注定要死之人的冷漠。

又比如，5年前（1276年），金方庆代表高丽去给忽必烈祝寿，忽必烈一高兴，赐上座，又赏了一块虎头金牌。金方庆回国后，在王京的城外遇到了忻都。黑黑胖胖的忻都，阴阳怪气地调侃了他几句。恰好，有一只小雀飞落廊下，忻都先让手下把雀儿抓来，放在手心摆弄了片刻，随即让人扑杀（"忻都令捕之自弄，继而扑杀"）。忻都转过头问金方庆："你觉得我这么做，残忍吗？"金方庆见对方神色不善，只好敷衍着说：农夫最恨鸟雀糟蹋庄稼，大人杀了，也是"恤民意"。忻都冷笑一声：俺看你们都有文化，又信佛，嫌我们蒙古人杀业重。杀戮就是俺们蒙古人的天命，只能顺受，老天也不觉得这是作孽。不懂这一点，所以你们高丽人，甭管姓金姓洪，都只配当俺们的奴婢！（"此子等所以为蒙人奴仆也！"）金方庆同样忘不了，忻都讲这番话时，斜着眼睛看自己的神态——那是一种看着等待宰割的牲畜的轻蔑。

若是熟悉上面这些内情，旁观者一定会觉得，东路军的三大帅，忻都、洪茶丘、金方庆，被安排在一起，指挥同一支军队，实在有些残忍而且诡异。按理，他们相识甚久，还一起指挥过平定高丽内乱或东征日本的战役。然而，同生共死的战争经历，并没有在这三人中间培养出一丝一毫的袍泽情谊，倒是在彼此心里播下了许多轻蔑、猜忌和仇恨。想到这里，一种强烈的不祥预感，紧紧揪住了金方庆的心脏。

的确，东路军这一路上，远远谈不上顺风顺水。五月初发船后，先是莫名其妙地在高丽的巨济岛耽搁了半个来月，下旬才通过对马和壹岐两岛。对马岛的首次交战，高丽军阵亡了"郎将康彦、康师子"。五月二十六日，在壹岐岛附近，东路军遇到大风，又失踪"船军一百十三人，艄手三十六人"。(《高丽史节要》)如今，忻都、洪茶丘两位主帅又不按照原计划等待主力部队来汇合，一马当先冲入了博多湾。这个自作主张的行动，虽然也有一些缘故，实在不无同江南军争功的嫌疑。

"朕恐卿辈不和"，这几个字反复在金方庆脑海里回响。在初夏六月的微风中，东征军将帅不和的剧毒种子，只是刚刚生根发芽，初露峥嵘。不过，忽必烈这句话，仿佛一语成谶，早已注定了接下来东路军、江南军，乃至整场战争的命运。

三、东路军抢登志贺岛

从头看看东路军从巨济岛到博多湾的作战经过。

五月二十一日，东路军之一部在对马岛登陆。《高丽史》记载，与日本军的首场战斗，就发生在"世界村大明浦"。这个地方，池内宏以发音相近，比定为对马东海岸的上原郡佐贺村。中村荣孝据《对马岛志》，认为是上县郡仁田湾岸的志多留。黑田俊雄通过实地走访，认为也可能是对马西海岸濑川的河口大濑浦。[1]在"世界村大明浦"登陆的主要是高丽军。金方庆先派了一个叫金贮的翻译上岸。劝降未果后，"金周鼎先与倭交锋，诸军皆下与战"，损失了两名高丽军官和若干士卒以后，东征军迅速压制了全岛(《高丽史节要》)。

---

[1]黑田俊雄：《蒙古袭来》，第111—112页。

五月二十六日，东路军转向壹岐的"忽鲁勿塔"（池内宏认为是"风本"），再次占领了壹岐全岛。东路军上岛后，见人就杀。幸存的岛民扶老携幼，躲到大山深处，仍然风声鹤唳，草木皆兵，日夜忧惧"异国人"搜寻捕杀。有一家的丈夫听到妻子怀中的婴儿大声啼哭，害怕藏身处暴露，拖累全家，只好忍痛将婴儿刺死。[1]《八幡愚童记》还说，这批入侵部队携带了锄、锹一类的农具，似乎做好了长期占领和殖民的准备。[2]

六月六日清晨，东路军的大型舰队，在博多湾的志贺岛（《八幡愚童记》写作"鹿ノ岛"）和能古岛（"残ノ岛"）之间的海面展开战斗阵形。

早在这之前，元朝枢密院收到过东路军司令部从前线转来的请示：

> 至元十八年六月壬午，日本行省遣使来言：大军驻巨济岛，至对马岛，获岛人，言："太宰府西六十里，旧有戍军已调出战，宜乘虚捣之。"（《元史·世祖本纪》）

历来研究者大抵认定，这是东路军逗留巨济岛期间，对博多湾沿岸进行的侦察。这是海底铺着电缆，空中飞舞着无线电

---

[1]《日莲圣人注画赞》："人民不堪脱，将妻子逃隐深山，闻赤子泣声，押寄打杀，父母惜我命，刺杀赤子隐居。"

[2] 旗田巍:《元寇——蒙古帝国の内部事情》，第137页。

第九章 东路军的困境

波和卫星信号的即时资讯时代最易出现的错觉。笔者就不太相信。姑且不问，区区一个"岛人"，为了活命而招认的情报，究竟能不能反映太宰府周边重地的卫戍变动。就算东路军司令部判定这是关键情报，他们岂不知道，从大都到对马岛，一来一回，即便不计算风讯、极端天候等因素，也必定耗费半月以上？战场情形瞬息万变，等到中央的反馈回来，黄花菜早就凉了。

所以，最好把这个情报看作忻都、洪茶丘等人为撇下江南军、自己抢先出战而炮制的借口。事实也是如此，根据《元史·世祖本纪》的日期，"乘虚捣之"的请求，待到枢密院转奏忽必烈，已是一个月以后的"六月壬午"（十八日）。这个时候，整场战争打了快一多半了。接到这么个"专使"郑重其事送来的报告，忽必烈大概是又好气又好笑：这种鸡毛蒜皮的情报也好意思拿来请示？你们想抢头功，要个合法借口，可以！总不能以为朕连"军不可从中御"的常识都没有吧？于是，忽必烈不耐烦地对枢密院官说："这前线的事，你们自己看着办吧！"（"军事，卿等当自权衡之！"）

其实，忻都、洪茶丘并没有按照"岛人"的提示，进攻太宰府以西地区，而是把登陆点选在了志贺岛。这个小岛位于今天博多湾北部的入口处，与九州大陆东边伸出的奈多半岛之间，有一道狭长的沙洲相连，最窄处不到500米。

1913年（大正二年），竹内荣喜在"志贺岛史迹现场讲演会"上做过一次报告，专门介绍志贺岛的地形，题为《弘安之役中志贺岛的地位》。据说，在竹内生活的那个年代，就算在退潮时，连接志贺岛和大陆的沙洲也多半没入海水以下，勉强可以涉水走过，自古俗称"海中道"。不过，竹内找到了一份根据实地勘测绘制的古地图，即伊能忠敬地图。地图显示，海中道在100年前，比20世纪初要宽阔一些。竹内借着参加军事演习的机会，在当地也做了一些实地调查。他发现海中道的北岸以及"雁之巢"以西的南岸，受到海水冲刷，日渐侵蚀。所以，东路军当年看到的志贺岛海中道，又要更宽阔一些，足够让军马来回奔驰。从志贺岛穿过海中道，上陆之后，便可通往箱崎、博多，距离和从今津出发差不多，战略价值自然要高于壹岐和能古二岛。[1]

东路军在志贺岛登陆，也避开了西边横亘博多湾沿岸的"石筑地"防线。一时间，从博多岸边朝北望去，志贺岛和能古岛之间的海面上，帆樯林立，密密麻麻泊满了元军的战船，煞是壮观。

四、狭路相逢海中道

在"石筑地"防线后方集结的日本大军，以北条时宗钦点的安达泰盛之子、肥后国守护安达盛宗为总司令，麾下的大将包括少弐资能、少弐景资、大友贞亲、菊池武房，还有赤星、叶室、田尻、龙造寺、原田、大村、岛津、松浦党等各家的武装，

---

[1] 竹内荣喜：《元寇の研究》，第77—78页。

所谓"九国、山阳、南海诸将,皆来会"。(《元寇纪略》)日本军获悉东路军转向志贺岛,急忙分兵,一路自陆地驰援,一路乘船出发,袭扰敌军的海上大营。

六月六日当夜,双方就开始了零星的海战。备前国的御家人草野次郎经永,带领郎党分乘两艘小船,在夜色的掩护下,袭击了一艘东路军战船,斩首21级,烧船而退。东路军不熟悉附近的水路,加上黑夜之中,难辨敌我,大概吃了不少这样的暗亏。第二天,为了防备夜袭,东路军"舳舻十里,以锁联之,为圜营外向"(《元寇纪略》),并在甲板上布置了石弩。只等不明船只靠近,反击就铺天盖地倾泻而至。

七日,伊予国(今爱媛县)的御家人河野六郎通有,跟着出海袭击元军船只。据说,第一次征东战争结束后,河野曾跪在三岛大明神前发誓:"我待贼十年,贼不来,则绝海伐之!"他一等就是7年。如今"贼"总算来了,他兴奋地领着儿子八郎通忠、伯父通时,驾着小船,大白天就直奔敌军船营。一伙人眼看就要攀上最外侧的一艘敌船,对面突然扑来一阵凶猛的箭雨。河野通有的左肩一下子就被射穿,几名郎党当场阵亡。通时受了重伤,返回本阵后也死了。《八幡愚童记》夸张地说,河野通有一看左臂已无力举弓,右手拔出太刀,撞倒小船的桅杆,当作梯子,身轻如燕,几步就跃入敌船,砍杀数人之后,还生擒了敌人一名"头戴玉冠之大将"。

不过,东路军既然有了防备,损失自然不会很大。实情恐怕更像《八幡愚童记》后面说的:"我船轻且小,莫不为之破碎,死者多，十丧八九。"参加战斗的一名东路军军官、百户张成的《墓碑铭》也证实："夜半，贼兵□□来袭，君与所部据舰，战至晓，贼舟乃退。"竹崎季长当时在肥后国武士的防区"生之松原"待命，也弄了一艘船出海。不过，据山口修考证，竹崎一军乘船出海后，由于不谙水战，还没和敌船交战，就退了回来。[1]

所以，尽管在东路军阵形的外围，时不时可以听到零星的喊杀声或者爆炸声，绵延数里的巨大船营，兀自岿然不动。眼见战果越来越小，日本军只好下令暂停夜袭。

更加凶险的，是陆上的战斗。

日本军几番夜袭下来，东路军的登陆作业，也多少受了些影响。忻都只好先派出小股精锐部队，携带轻便武器，抢占岛上和海中道几处关键的阻击阵地。百户张成和他手下的80来人就是先遣部队之一。他们的经历表明，最初两天的掩护战打得十分艰苦。六月八日清晨，张成小队携带"缠弓弩"，登岸迎战自海中道来袭的日本军，"夺占其□要，贼弗能前"。双方相持到日暮。天黑前，日本军最后一次尝试突破，张成小队"又返败之"。(《张百户墓碑铭》)

九日，"倭大会兵来战"。[2] 所幸的是，东路军的大部队也

---

[1] 山口修：《蒙古袭来》，第193—195页。
[2] 见《张百户墓碑铭》。高丽一方的记载，包括《高丽史节要》和《高丽史》，多将此事系于六月"壬申"即八日。

陆续上岸了。前线司令官洪茶丘，指挥金方庆、金周鼎、朴球、朴之亮等人的高丽军，以及荆万户等人的蒙汉军，迎战安达盛宗麾下的日本军。交战伊始，东路军气势如虹，"斩三百余级"。张成也趁机率部下"入阵奋战"，杀伤过当。

关键时刻，大友贞亲率领的日本军投入了战斗："日本兵突进，官军溃，茶丘弃马走"。幸亏一个姓王的万户，带着援兵从侧后方赶上来，"横击之"，一下子杀死50多名日本兵，才勉强击退了追兵，救了洪茶丘（《高丽史》卷104《金方庆传》）。《八幡愚童记》说，在当日的战斗中，大友贞亲带着30多名骑兵冲入敌阵，斩首一级而还。其他"西国""关东"的御家人，新左近十郎、今井彦次郎、财部九郎、右田弥四郎，等等，也纷纷建功。东路军这一战，死伤千余人。

十日，再战，东路军又输了一阵——《高丽史节要》《金方庆传》上冷酷无情地简单写着："翼日复战，败绩。"

五、突袭长门，退守壹岐

正当安达军和大友军在志贺岛与东路军主力鏖战的时候，他们并不知道，就在前几日，破晓时分，一支小型舰队悄悄离开东路军大营，往东北方向驶去。这支舰队的最终目的地，就是北九州与本州之间的交通咽喉，杜世忠等人当年上陆的长门国。

这支幽灵般的"长门突击队"，记载不详。幕府早就对长门有所警惕,调动了周防、安芸、备后三国的武士执行"长门警固",又派了北条时宗的弟弟宗赖出任守护。[1]"长门突击队"显然没讨到什么便宜,就悄然撤退了。然而,长门遭袭,给日本内地带来了巨大的心理震撼。

六月十四日,太宰府快马给京都送来了"异贼船三百艘,着长门浦"的噩耗,朝野当即陷入一片恐慌。身在京都的大臣勘解由小路兼仲,在当天的日记中写下了自己听到急报的心情:"怖畏之外无他。"(《勘仲记》)

在紧急召开的廷议上,众公卿愁眉苦脸,惶惶相对,一筹莫展。末了,有人支招:"招兵于关东,护卫京师。使二上皇[2]避贼于关东"。当时,北条时宗派宇都宫贞纲率领6万"中国之兵"(本州的军队),正在驰援博多的半途中,连忙停下待命。迷信的龟山上皇,跑去石清水八幡宫祈祷了一整夜,又委托权大纳言藤原经任,带着御笔"宣命",赶往伊势大神宫,祈祷"以死代国难"。(《元寇纪略》)

在京都的街头巷尾,从三郎的菜店,到五婶的饭铺、八爷的澡堂,南方传来的各种小道消息也无孔不入,越传越走样。经过一番集体创作、添油加醋,最终成了这么一个令人恐慌的版本:异国贼已经打下了南边的九州,在东边、北边纷纷上岸,过不了几天,就要入犯京都!

---

[1] 山口修:《蒙古袭来》,第189页。
[2] 指后深草上皇和龟山上皇。

这下子,满城百姓哪里还有心思过日子、做生意,大伙三五成群,从早到晚,在街头游荡,自知无处可逃,只能仰天长叹:

> 九国既被落,早着长门国,只今都责上,又自东海、北海寄来。街谈衢话啾,万人一同,暮时可逃逝何处,私语合。(《日莲圣人注画赞》)

北上长门,不过是这场战争中一则热闹的插曲。不论"长门突击队"取得了什么战果,对于此刻的东路军而言,都没什么实际意义了。自六月六日直到十三日,整整一周时间,九州的日本军始终成功扼守着从志贺岛到石筑地的防线,不退一步。王恽的《泛海小录》说,海中道前方的日本大军:

> 大势结阵不动,旋出千人,逆战数十合,凡两月(日?)。我师既捷,转战而前,呼声勇气,海山震荡。所杀获十余万人,擒太宰藤原少卿弟宗资。

讲东路军大获全胜,杀敌十余万,纯属虚构;擒获的少式"宗资",池内宏考证,也不见于少式宗谱和其他记载。[1] 不过,记载前半段似乎显示,日本大军有意避免和东路军进入开阔地

---

[1] 池内宏:《元寇の新研究》,第255—256页。

决战，只是扼守在要害地势，结阵不动，每天只派出规模不大不小的一千来人转悠一圈，不断消耗对手的实力。

果然，几日下来，海边烈日炙烤，湿气蒸腾，加上新鲜淡水奇缺，战殁者尸骸来不及掩埋处理，东路军大营中暴发了疫情。《金方庆传》直言："军中大疫。死于兵疫者凡三千余人。"

无奈之下，东路军只好暂时又原路撤退到壹岐岛，休整待援。这就是《张百户墓碑铭》说的："军还至壹岐岛。"

眼看所部的战斗兵员损耗过半，忻都、洪茶丘心生退意。二人事先商量好，把金方庆叫到跟前，振振有词地说：奉圣上明令，六月十五日之前，江南军和东路军定要在壹岐岛会师。如今期限到了，还不见江南军的影子。我军先到，已经拼了好几场硬仗，"船腐、粮尽，其将奈何？"金方庆厌恶地瞪着二人，一声不吭。(《高丽史》卷104《金方庆传》)

就这样，在各路日本军的追击袭扰之中，在金方庆的竟日沉默之中，壹岐岛的东路军苦苦守候着江南军的消息。他们不知道，此时，暂驻庆元港的东征军总司令部，已经发生了巨大的变故，而原先设想的会师计划，也不可能实现了。

第十章 "一风扫荡蛮烟"[1]

一个多月以来,在日本京都任职的勘解由小路兼仲,持续关注着镇西奉行和太宰府从西部前线送来的敌情报告。1281年(元至元十八年,高丽忠烈王七年,日本弘安四年)夏六月二十四日,他在日记中写道:

> 戊子,自宰府飞脚到来:宋朝船三百余艘,着对马岛,云云。(《勘仲记》)

看来,困在壹岐岛的东路军苦苦等待的江南军,终于出现了。

一、史上最大规模舰队与最糟糕指挥官?

江南军是六月十八日前后,也就是预定会师日期的三天后,

---

[1]出自无学祖元:《佛光国师语录》卷4(北条时宗火葬法事上所宣之法语)。

东路军撤回壹岐岛的五天后,才迟迟从江南的庆元港、舟山群岛等地陆续开拔的。

庆元(今宁波)古称明州,本是宋、日之间最大的国际贸易港之一。南宋在此地设立了市舶司,专管海外贸易和税收。往年农历六月,停泊在港内的无数商舶,只候南方吹来季风,便满载着香料、陶瓷、丝绸、书籍这些"唐物",横越东海,经过7个昼夜,进入日本博多湾;当年八九月到次年开春,商舶都可以自日本驾着北风返程,给江南的商人和仕女带来黄金、木材、硫黄、倭刀和扇子等广受追捧的商品。如今,海港内外,早已不见昔日繁华升平的气象,取而代之的是一派紧张而肃杀的氛围。

我们前面讲过,在此地集结的10余万江南军,除李庭的蒙汉军外,主要是招降南宋的新附军、通事军。《勘仲记》称之为"宋朝船",《高丽史》称之为"蛮军",都有道理。不过,运送江南军的战船,可远远不止最先抵达对马岛的300多艘,而是多达3500艘,迅速刷新了第一次东征军刚创下的纪录。

太田弘毅认为,这些战船多是由南宋旧战船改造的,而且不可能全是运兵船或战船,必然有一部分是运粮船。按照《高丽史》和《东国通鉴》中"一万军,一月粮,凡三千硕(石)"的标准,江南军至少要运载40—50万石粮食,加上预定支援在志贺岛"船腐、粮尽"的东路军的份额。[1]尽管我们可以给

---

[1] 太田弘毅:《弘安の役東路軍・江南軍会合と糧食問題》,《蒙古襲来:その軍事史的研究》,第85—107页。

3500艘加上种种限制,这个数字仍然十分惊人,接近600多年后诺曼底登陆时盟军舰船总数的一半。王恽的《泛海小录》既赞叹又惋惜地说,江南军这次出征,"隋唐以来,出师之盛,未之见也"。一些日本研究者干脆称之为"人类史上最大舰队"。

这支超一流规模的舰队,能不能至少搭配个一流水准的司令官呢?然而,历史常喜欢开些玩笑。江南军司令官范文虎,南宋降将,出身不明,我们只知道他是南宋大将吕文德的女婿、贾似道的亲信。一边是"世握兵柄,兄弟子侄布满台阁"的吕氏将门(《胡祗遹集》卷12《寄张平章书》),一边是只手遮天的权相,范衙内来头这么大,自然一路高升至禁军长官。不过,若论真才实学,实在不值一哂。民国年间善讲历史演义的蔡东藩,说到范衙内临阵逃跑的丑态,觉得颇不解气,又点评了两句:"虎是文的,无怪外强中干!"(《元史演义》第23回)其实,范衙内何止"外强中干",他在宋元易代之际的表现,只能用"惨不忍睹"来形容。

1269年(南宋咸淳五年,元至元六年),范文虎受命解救襄阳,扬言"吾将兵数万入襄阳,一战可平",等到了城外,却"日携美妾,走马击球军中为乐"(《宋史·李庭芝传》)。本来,我国古代对军事人物的"私德",已经刻意放低了标准:吴起"贪而好色";陈平"盗嫂受金";霍去病不恤士卒,营中大饥,他还"余弃梁肉""穿域蹋鞠",史家都没有太多贬词。但有一个先决条件:好好打赢仗就行!范文虎,集这些"名将怪癖"于一身,唯独没有名将的才能,好容易出兵一两次,无不大败亏输,中途遁走。所以，投降元朝以后，忽必烈也不大看得起他。某日，忽必烈问南宋降将："你们几个为何轻易就降了？"范文虎等人回答："奸臣贾似道礼遇文士，轻蔑武将，我们早就看不惯了，天兵一来，就望风投拜。"忽必烈让人传话说："如果只是这种理由，贾似道看不起你们，一点没错！"（《元史·世祖本纪》）

这么一个声名狼藉、不学无术的白面小生，忽必烈为何还要将 10 万江南军的性命交与他手上呢？首先是蒙古人本来就把这些军队看成炮灰；其次，范文虎是新附军的旧帅，余威尚在；最重要的是，此人比起其他南宋降将，更加胸无大志、贪权好色、懦弱易制。司马光形容无德又无才的人要造反，就像"乳狗搏人"，连小手指头都咬不破，"人得而制之"。范文虎，据说忽必烈曾夸过他有宰相才，其实也只是当他是自己豢养的小奶狗而已，就算打下日本，借他一万个胆子，也不敢冒险同各地蠢蠢欲动的南宋"余孽"沆瀣一气，搞海外流亡政府、"反元复宋"之类的把戏。

就这样，半推半就，范衙内站到了东亚历史转折的风口浪尖之上。

要说范文虎的"光芒"真是太刺眼了，以至于研究者大都忽略了，预定要同江南军一起出海的，还有真正重量级的大帅——征东行省首长、右丞相阿剌罕（Araqan）。阿剌罕出自蒙古的札剌亦儿部，该部很早就归顺了成吉思汗，算是蒙古最高统治家族的"老奴婢"。阿剌罕家族在蒙古征服战争中，属于"无征不从，无战不捷"的核心军功贵族（许有壬《曹南王神道碑》)。[1]他本人从中统初年起就领兵转战南北,在平宋战争中独当一面,战功显赫。伯颜分兵三路下临安,就有他的一路。明朝修《元史》为阿剌罕立传,集庆(今南京)还建过他的祠堂。

然而,或许是连年征战,健康受损,或许是水土不服,又或许是老天爷有意成全他不败的威名,阿剌罕刚到庆元港,就得了一场暴病,卧床不起,七月没过几天,就死在了大营中。六月二十六日(庚寅),忽必烈得知东征军主帅当时病势凶猛,连忙下诏,让另一平宋战争的蒙古老将阿塔海(Ataqai)接替阿剌罕(《元史·世祖本纪》)。然而,等阿塔海接到大都发来的调令,从原驻地杭州赶到海边,刚好来得及目睹一两艘破烂不堪的船只,载着几个残兵败卒,惊魂未定地逃回了庆元港。

于是,征东战争中好不容易出现一个第一流的军事统帅,还没轮到正式登场,就意外退场了。这又是历史开的一个玩笑。

二、状况迭出的平户会师

非但预定随江南军出发的东征军总司令无法成行,连同东路军汇合的地点也是一变再变,先是从高丽的金州改为日本的壹岐岛,如今,庆元港的参谋部根据新获得的情报,又换成了日本肥前国沿岸的平户岛,史籍也讹称"平湖"或"平壶"。

---

[1] 谢咏梅:《蒙元时期札剌亦儿部研究》,辽宁民族出版社,2012年,第249—250页。

五月初，东路军出发后没几天，"日本行省参议"裴国佐和同僚就提出了新的会师方案：

> 今年三月，有日本船为风水漂至者，令其水工画地图，因见近太宰府西有平户岛者，周围皆水，可屯军船。此岛非其所防，若径往据此岛，使人乘船往壹岐，呼忻都、茶丘来会，进讨为利。(《元史·日本传》)

就是说，江南军到达日本的第一站，将是位置更偏西、防守松懈、利于大船停泊的平户岛。该岛同时将收容壹岐岛退回的东路军，充当全军的前进基地。笔者倒很愿意相信，枢密院的参谋军官们，应是连夜加班，十分仔细地比对了地形、路线和兵力配置资料，才郑重提出了这个建议。领衔的裴参谋，山东人，当时才35岁，仪表非凡，"白皙，鬓须眉，目点漆"，(《刘敏中集》卷4《裴公神道碑铭》)，而且才华横溢，时称"俊才"。他的《墓志铭》也称赞他很早就得到忽必烈赏识，政绩卓异，"声焰赫然"，年纪轻轻就位登正四品，前途无量。不料，这一去，却和舰队一同葬身绝域，令人叹惋。

江南军没能赶上原定的会师期限，除了人事变动和作战计划更新的缘故，还因为在海上走错了路。

前面讲过，江南军舰队的大小船只，尽管比1944年登陆诺曼底的盟军少很多，但是，从庆元渡海至日本，航行距离大约是英吉利海峡的四五倍。如此大型的风帆舰队，要组织协调和保持航线，显然是一项极为艰巨的任务。果然，出发还不到三天，江南军的前锋部队就遭遇了"飓风"，迷失了针路。云雾天开，环顾四周，他们才惊慌地发现，自己向北大大偏离了既定航线，居然到了高丽南部的耽罗岛。

当时，征东行省有个主管文书的小官，叫宋无，是个20岁出头的小伙子，苏州人。宋无的诗写得不错，这番出海，大概是生平头一遭，新奇莫名，后来他写"碧汉迢遥，一似乘槎槔于天上。银涛汹涌，几番战栗于船中"（《〈鲸背吟〉序》），大概就是描绘此行印象。其实，随大军出海的，原是他家老爹宋国珍。临行前，宋老爹的一场急病，改变了儿子本来极为平凡的人生。宋无自告奋勇，接替了老爹的职务。据宋无回忆，自己跟着征东行省官员，从庆元入海，转向东北。行省左右司的参谋分乘不同的战船，通讯不畅，"号令不相闻"，而动身稍晚的船队"追程冒进"，稀里糊涂跟着迷路的前锋，也到了耽罗。（《唫吃集·自铭》）

就在范文虎等人在耽罗岛外气急败坏，大吼大叫，勒令向导火速调整航线时，陷在壹岐岛的东路军指挥官们，也是顶着巨大压力，马上就要失去最后一丝耐性了。六月下旬，也就是在壹岐岛苦熬了十来天后，忻都、洪茶丘第二次找到金方庆商量，是否要先撤退？不料，金方庆依然不肯松口：

奉圣旨，赍三月粮。今一月粮尚在，俟南军来合攻，必灭之！（《高丽史》卷104《金方庆传》）

六月二十四日，正如《勘仲记》见证的，江南军的前锋船队，终于出现在了壹岐岛外，望眼欲穿的东路军哨兵，一见到熟悉的旗号，不禁喜极而泣。片刻之后，东路军大营中就爆发出震天动地的欢噪声，就连无力下床的伤病号，也彼此搀扶着，蹒跚到舱外，长久凝视着这支铠甲鲜亮、精神抖擞的生力军。

六月二十九日、七月二日，东路军重整旗鼓，派出金方庆率领的高丽军，在江南军前锋50艘战船的支援下，率先与来袭的日本军，在壹岐岛的濑户浦展开了激烈的攻防。根据《历代镇西要略》，大举来袭的日本军，由松浦党、彼杵、千叶、高木、龙造寺、岛津等各方势力组成，共数万人。现存的《比志岛文书》中，还保存了萨摩国豪族岛津氏的家臣比志岛时范同他的亲戚河田盛资，跟随岛津长久出战壹岐岛的战功申报文件：

> 萨摩国御家人比志岛五郎二郎源时范
> 谨言　欲早依合战忠勤，预御注进子细事：
> 副进　自大炊亮殿[1]所赐证状案文
> 件条　去年六月廿九日，蒙古人之贼船数千余艘，袭来壹岐岛时，时范相具亲类河田右卫门尉盛资，渡向彼岛，令防御事。大炊亮殿御证状分明也。次月七月七日，鹰岛合战之时，自陆地驰向事，以同前。爰时范依合战之忠勤，

---

[1] 即岛津长久。

为预御裁许，粗言上如件。

弘安五年二月□日[1]

《历代镇西要略》形容当日战况之惨烈："贼登船楼，发火砲，我兵披靡，多死创。"《张百户墓碑铭》也说：

六月晦，七月二日，贼舟两至，皆战败之，获器仗无计。

这两日的战斗，是元朝东征军占了上风。日本军一方，曾与赵良弼打过交道的太宰官、丰前守少式资能（当时已届84岁高龄，出家后名"觉惠"），其子少式经资，都受了重伤。资能老爷子没过几天就咽气了。他的幼子少式资时，就是第一次征东战争时面对忽敦军射出"矢合"的第一箭的翩翩少年，也在激战中阵亡。

东边持续激战的同时，江南军的后续部队，终于同壹岐岛退回的东路军会师平户——此后，我们就只称东征军。七月初，成功会师的东征军，从平户岛出发，移舟至"竹岛"。

池内宏认为"竹"（take）和"鹰"（taka）的发音相近，竹岛就是平户岛东面的肥前国鹰岛（今长崎县管辖）。但是，樱井清香和山口修都主张，鹰岛太小，不适合大舰队停泊。"竹岛"应该是平户西南方向20多公里的"值嘉岛"，今天日本的五岛

---

[1] 池内宏：《元寇の新研究》，第282页。

列岛。这片群岛,古来就是大陆与日本交通的要地,昔日遣唐使也在这里停留。直到七月二十七日前后,东征大军才开始东出到鹰岛,准备总攻九州,即《元史·日本传》说的:"七月至平户岛,移(鹰岛)五龙山。"

三、至暗时刻

七月二十七日,东征军移师鹰岛,是出于什么考虑?

竹内荣喜少将模拟了一个东征军当年的作战方案:如果以太宰府为作战目标,应是先在鹰岛集结兵力,再扑向太宰府西面的糸岛半岛(今日本福冈县糸岛市),掠过半岛西岸的引津湾、船越湾,在南边一个叫深江的地方登陆。深江岸边的海水较深,适合大船停靠,引津和船越两湾又能遮挡北九州沿海吹来的西北风,是个相当理想的登陆点。另外,引津和深江东面的可也山及加布里高地,还能掩护登陆部队东出博多。

有意思的是,1888年(清光绪十四年,日本明治二十一年),日本陆军聘请德国的参谋少校梅克尔(Jacob Meckel,1842-1906),带着一帮日本陆军的参谋精英(包括后来大名鼎鼎的儿玉源太郎),在北九州搞了一次参谋演习。演习设想,如果有敌军以一个半师团的兵力进攻九州,会选在何处登陆?据说,总教练梅克尔判断:在深江附近登陆比较合适。[1]

---

[1] 竹内荣喜:《元寇の研究》,第148—150页。

当然,如果东征军成功登陆,又成功击溃九州的日本军,那么,还须迎战宇都宫贞纲率领的 6 万本州援军,胜负实在难以逆料。但是,不难想象,在鹰岛附近集结的东征军,普遍信心满满地期待着一战而胜。若干年后,王恽听了征日老兵的讲述,在《泛海小录》里写道:

> 自志贺东岸前去太宰府三百里。捷则一舍而近,自此皆陆地,无事舟楫。若大兵长驱,足成破竹之举!惜哉!

就算我们同意,在那个七月末,忻都、洪茶丘、范文虎、李庭等将领和他们的幕僚,真的拟订了自鹰岛出发,取道深江,挺进太宰府的理想作战方案,这个方案也永无实现之日了。

八月(日本历为闰七月)一日午夜,一场突如其来的超级台风,改变了一切。

事后有人回忆,这场风暴未必真的就没有一丁点的预兆。

第一个心有所触的,大概是提出会师平户岛的那个年轻参谋。那是风暴降临的前一天,七月晦(三十日)的上半夜,裴国佐恍惚梦见:天朦朦胧胧亮了,从东方的金色曙光中,影影绰绰,飞来不知多少只白鹤,待到近旁,众鹤发出声声悠长而婉转的清鸣,抓起自己乘坐的战船,展翅向东南方"浮空而去"。

裴国佐一下子惊醒了。他披衣起床,踱到甲板上。天穹中的星月,都被厚厚的云层遮盖着,四周漆黑一片,出奇安静。海风从西北吹来,寒意直透衣裳。裴国佐听到,总是倚在船尾的那位江南老艄公,平日和自己喝茶闲聊,相得甚欢,此际好像在半梦半醒之间,用自己听不懂的方言说着梦话。陌生的吴语,他却听着亲切,想起西晋的张翰,因见秋风起,思念吴中的菰菜羹、鲈鱼脍,感叹说:"人生贵得适意尔,何能羁宦数千里以要名爵!"便辞官归乡。想到此处,他的脑海中忽然现出故乡老宅大树下那两个嬉戏打闹的小身影,心头一阵悸动:珪儿如今能习字了吧,璋儿也能满院子跑了,不知会不会想我呢?自己半生倥偬,远渡重洋,为的什么?[1]

裴参谋摇摇头,踱到老艄公身边,轻轻把老头推醒,和他聊了聊自己梦中见到的奇异情景。朴直的老艄公咧开嘴笑笑:"恭喜裴大人,这是预兆您要高升啊!"("鹤引舟飞空,公当有升进之喜!")裴国佐闭上眼睛,沉默片刻。然后,他拍拍老头厚实的肩膀,转过头去凝视着东方,仿佛能透过远处无尽的暗夜,看到此行的最终目的地——太宰府。黑暗中,看不清裴国佐脸上的表情,只听他笑了一声,又用轻得仿佛连自己都害怕听到的声音说:"岂吾事不成之兆欤!"(《刘敏中集》卷4《裴公墓志铭》)

噩兆又岂止个人的梦境?还有万众共睹的异象。《八幡愚童记》说,那天黄昏:

> 青龙自海中探出首来,虚空之中弥漫着硫黄的气味,

---

[1] 裴国佐的长子裴珪后来官至敦武校尉、滕县尹,"俊朗有父风";次子裴璋,在刘敏中为他们父亲写《裴国佐神道碑》的时候,尚未出仕。

奇形怪状之物随波出没，令人恐惧莫名。

当然，读不懂这些神秘的梦兆或异象，显然不是东征军在太平洋台风中差点全军覆没的真正原因。这笔账，首先要算在东征军自身的两个重大失误上：一是如竹内荣喜所说，太平洋西岸的菲律宾群岛、台湾、九州本是台风多发地，而农历七月至九月间，是自古以来海上航行最警惕的台风多发季节。其中，七八月之交，更是最最危险的时刻。[1]这种时候出海作战，竟然几乎毫无警惕和防备，委实是不该。二是前面讲过，东征军特别是江南军的3500艘战船，多数来自南宋水军旧战船、沿江船舶和运河漕船，吃水较浅，抗风能力很弱，遑论抵御台风。后来人总结失败经验，就特别强调："江南战船，大则可矣，遇触则毁，此前所以失利也。"（《高丽史》卷30）[2]

且说裴参谋和老艄公在甲板上听了会儿涛声，便回舱和衣睡下了。孰料，八月一日下半夜子时刚过，西北风吹得更急，不一会儿就恶化成了风暴。这就是被日本后世神化的护国"神风"（かみかぜ）。九州大学的气象学权威真锅大觉根据古杉木的年轮表现推算，当时"神风"瞬间笼罩了一个半径巨大的暴风区，中心气压950百帕，最大瞬时风速达到每秒55.6米，掀

---

[1] 竹内荣喜：《元寇の研究》，第85页。
[2] 太田弘毅：《江南軍艦船隊の編制：新造旧製混合の悲劇》，《蒙古襲来：その軍事史の研究》，第76页。

起的浪高达19米,完全藐视现代气象学界定的超大型台风。[1]

"神风"降临之先,有巨大的雨点和冰雹噼里啪啦落在甲板上,声势骇人。海水一时漆黑如墨,令人窒息的狂风,吹得船只帆落桅折。李顺是随军的一名令史,他后来告诉小辈,自己亲眼见到岸边那些几个人都合抱不了的大树("大数围者"),都被大风连根拔起,或者拦腰折断。(周密《癸辛杂识》续集下《征日本》)继而,怒涛沸浪接天而来。郑思肖在《元鞑攻日本败北歌》中想象当时景象:"鬼吹黑潮播海翻,雹大于拳密于雨。"日本一方的《历代镇西要略》形容:

> 暴风大扇,洪波滔天。烟飞云不敛,雷雨如暗夜。蒙古艨艟数千艘,为风涛洲石所碎,贼徒悉溺死。

东征军兵员十万、战船数千,霎时间就在风暴中被撕扯得七零八落。各船在"黑潮"的高峰和深谷之间来回倾覆,要么被滔天巨浪打翻入海,要么相互碰撞,或被冲到岸边的礁石岩山之上,不一会儿就四分五裂。

遇难船只上,挺立风雨之中,声嘶力竭呼唤观音如来者有之,四处奔走抢险者有之,慌乱中解小舟自顾逃生者有之,躲入舱中床下瑟瑟发抖者有之,恐惧失神跳海者亦有之……在恐怖的自然力面前,渺小人类的任何努力,最终都只能落得同一

---

[1] 北冈正敏:《蒙古襲来の真実:蒙古軍はなぜ壊滅したのか》,第283—284页。

个下场,就是"七千巨舰百万兵,老龙怒取归水府"(郑思肖《元鞑攻日本败北歌》),化作千万海底波府之臣,异域望乡之鬼。

在浩瀚大洋上遭遇风暴,是身处东征军船队中的宋无一辈子也抚不平的心理创伤。多年后,宋无才提起笔,写一首拟古乐府诗《公无渡河》。[1]当时,在诗人脑海中涌现的,仿佛依然是当日鹰岛海面那番惊天动地的恐怖景象:

> 九龙争珠战渊底,洪涛万丈涌山起。
> 鳄鱼张口奋灵齿,含沙射人毒如矢。
> 宁登高山莫涉水,公无渡河,公不可止。
> 河伯娶妇蛟龙宅,公无白璧献河伯,恐公身为泣珠客。
> 公无渡河公不然,忧公老命沉黄泉。
> 公沉黄泉,公勿怨天!

四、"起风了,要努力活下去!"[2]

八月一日夜间的大风暴,自北向南,从前方的鹰岛直至南边的五岛列岛,席卷全部的东征军船营。当日清晨,台风肆虐过后,这片狭长海域的近岸处,呈现出一派名副其实的人间地狱惨象。《八

---

[1] 古乐府《公无渡河》是哀叹白发狂叟不顾劝阻,泗渡急流至于溺死的悲剧。原歌词为:"公无竟河,公竟渡河。堕河而死,其奈公何?"曲调哀切,闻者落泪。
[2] "Le vent se lève, il faut tenter de vivre",出自法国诗人保尔·瓦雷里(Paul Valéry)的短诗《海滨墓园》(*Le Cimetière marin*)。

幡愚童记》有些夸张地说,东征军的战船和舢板,被风暴摧破,或沉或浮,七零八落地飘散在海面,在海水中泡得肿胀的浮尸,顺着海流,在这处或者那处暗礁周围堆积起来,远看好似巍峨的惨白色小岛。("贼船悉破,随潮漂海面,似散筹,流尸聚积若为岛。")

《高丽史·金方庆传》也证实,海中的浮尸"随潮汐入浦",把水面堵得严严实实,甚至能够踏着尸体在海上行走("可践而行")。

其实,东征军舰队在各处设置的锚泊地,虽然同时遭遇风暴来袭,命运却各有不同。

1号锚地——鹰岛,骷髅山。此地又名五龙山,山口修等人推测是鹰岛所属的黑岛(kuroshima,クロ岛)。此处是东征军主力舰队停泊地,后来染上了一层神秘色彩。郑思肖说,这个岛屿有个令人毛骨悚然的名字——"白骨山"。相传,岛上荒无人烟,死气沉沉,"唯多巨蛇"。唐朝东征的将士都"殒命于此山",遍地白骨嶙峋,夜里磷火幽幽,巨蛇在骷髅间悄无声息地穿梭游动,所以得名。[1]

八月一日夜,台风来袭,"雹大如拳,船为大浪掀翻沉坏,鞑军半没于海"。(《元鞑攻日本败北歌》)

不少征东行省高级军官的座舰,就在骷髅山附近罹难。高丽宗室王綧的长子阿剌帖木儿,时任东征左副都元帅。《元史》说他从征日本,"遇风涛,遂没于军",应是葬身此地。女真名

---

[1] 这个传说大概衍生自7世纪唐朝在朝鲜半岛的东征,或者唐朝、新罗联军与倭国、百济联军于663年的白江口之战。

将李庭（征东行省参政）乘坐的指挥船，也在狂风巨浪中倾覆。他本人命大，呛了几大口咸水之后，抱住身边的一块船板碎片，抵死不撒手，"漂流抵岸"。上岸后，麾下幸存的士兵也三三两两聚集到他身边，大伙一起想办法离开。（《元史·李庭传》）

安徽人楚鼎，是江南军的一名千户，他的遭遇和李庭差不多，"挟破舟板，漂流三昼夜"，才找到一片可以容身的礁石。楚千户一步一步爬到礁石顶上，精疲力竭，又渴又饿。就在李庭和楚鼎等人深陷绝望之际，忽然看到远处缓缓驶来一支旗帜不整的船队。《元史》说，那就是逃往高丽合浦的"文虎船"——范文虎船队。

原来，从日本逃回的士兵于阊控诉：八月一日大风破船后，东征军虽损失惨重，但也有不少幸存的官兵，克服种种困难，漂到了近旁的小岛上。没想到，"（八月）五日，文虎等诸将各自择坚好船乘之，弃士卒十余万于山下"。究其原因，是"行省官议事不相下，故皆弃军归"。看来，收拢残卒之后，下一步该如何是好，忻都、洪茶丘、范文虎和金方庆等人之间产生了巨大分歧，谁也不服谁，一见面就吵得面红耳赤，几乎要挥拳相向；反正，总司令阿塔海还在庆元港，反复叮嘱、生怕他们"不和"的忽必烈，更是远在上都，鞭长莫及。几位争执了两三天，也没有个结果。于是，八月五日，他们自顾自带着剩下的直属部队，草草收拾了一下还能浮动的船只，先向南边的平户岛和竹岛撤退。

2号锚地——鹰岛，铁灵山。该处的临时指挥官，是一个总把军官，叫作马马其（Mamachi）。七月二十七日，东征军主力向鹰岛移动时，远远观察到岛周围的"潮汐盈涸不常"，大船很

难抵近,只好先分出一部分战船,"缚舰为寨",在铁灵山外驻泊。苏天爵为马马其的夫人张氏写的《墓志铭》描述:

> 八月一日,夜半飓风大作,波涛如山,震撼激撞,舟坏且尽,军士号呼溺死海中如麻。

从进攻南宋那会儿开始,马马其这样的军官就有特权,可以带着老婆出征。张氏出生于河南一个读书人家庭,丈夫却是西域将门之后,汉话都说不大利索,平日两人交流很少。张氏倒是一直任劳任怨,细心照料丈夫的饮食起居("悯其夫之劳苦,未尝以惊惧为辞")。风起之际,马马其重任在身,一直在舱外来回奔走,指挥抢险。张夫人"独在舟中",听着外面狂风呼啸,涛声震耳,还有风声间隙漏出的呼救声和哀号声,她只好紧闭眼睛,顾不上舱内的杯盘什物被晃得狼藉不堪,双手紧紧攥住包在锦囊中的官印,指节都发白了,生怕一不留神,丢了丈夫看得比命还贵重的东西。

最终,铁灵山的"船寨"还是没保住,指挥船也翻了。漆黑的大海上,夫妇紧紧相拥,抱着被风吹折的半根桅杆,顺流漂到了岸上。二人最后从高丽辗转回到了家乡,张老太太活到了85岁,儿孙满堂。(苏天爵《滋溪文稿》卷21《元故赠长葛县君张氏墓志铭》)

3号锚地——西南,平户岛。前出鹰岛之后,平户岛就成了东征军的后勤基地,行省参政张禧出任留守长官。张禧16岁从军,跟着忽必烈打过鄂州,"身中十八矢,一矢镞贯腹",坚持不肯下战场。他长期主管元朝的水军，经验丰富。因此，平户岛的东征军，不仅在岛上筑垒，而且各舰还"相去五十步止泊，以避风涛触击"。果然，风暴过后，"禧所部独完"。

第二天，范文虎等人从鹰岛乘小船撤回平户，好似惊弓之鸟，一刻也不想多停留。

整整十年前，宋元襄樊之战时，张禧和范文虎二人还分属敌对阵营，而且恰好都带水军。那会儿，范殿帅率领的南宋水军，就好几次被张禧打得丢盔弃甲，落荒而逃。一看手下败将又要跑路，张禧自然不屑一顾：

士卒溺死者半，其脱死者，皆壮士也！曷若乘其无回顾心，因粮于敌以进战！

范文虎气急败坏，一翻白眼："老子可不想白白送死！回去圣上怪罪下来，老子一人做事一人当，和你没关系！"

事实上，和范文虎抱着一样心思的官兵还多的是。胳膊拧不过大腿，张禧只好从比较完好的战船中分了一部分给范文虎等人，跟着他们回高丽。（《元史·张禧传》）

五、落幕时分

于是，八月五日之后，东征军的大部队就陆续撤退了。这时，九州的日本军"镇西兵"在少弐景资的率领下，乘坐数百艘战船，纷纷出海,名为"扫荡残敌"。

海面到处都漂浮着的浮肿尸体和残肢断臂,暑气一蒸,恶臭弥漫数里,令人呕吐不止。然而,九州武士争夺战利品的热情依然高涨。转眼间,凡是能出海的船,都成了抢手货,一票难求。

竹崎季长听到消息,连忙命令手下去找船。他自己兴奋得彻夜未眠,当天清晨火速从陆路赶到了鹰岛附近的御厨。眼看相识的御家人意气风发地先后坐船出港,竹崎只能在岸边急得跳脚。第二天,幕府派来督战的"军目付"合田五郎和安东二郎也到了海边,三人一起绞尽脑汁,想办法出海。合田五郎眼尖,一眼看到远处驶来一艘大船,船头树着一面"连钱"大旗,大喊:"那是城次郎大人(安达盛宗)的旗帜,去那边试试!"和大船一接洽,才知道船上是安达盛宗的部下,一个叫兵部房的人。竹崎费尽口舌,从对方那里讨来了一艘牵引小船,可是走起来不紧不慢,令人失望透顶。

此时,前方来了一艘别国守护的大船,船头站着一个面相有些眼熟的人,名叫たかまさ(隆政)。竹崎远远就喊道:"守护大人召鄙人前来,请让鄙人上船一起出阵!"隆政定睛一看,这不是肥后国的冒失鬼竹崎吗?当下便不耐烦地回答:"守护大人可没叫过你,请回吧!"然而,经不住竹崎苦苦哀求,对方只好答应,他只能一个人上来。上得船来,竹崎发现,自己把头盔忘在郎党手中了,无奈只好从腿上扯下一片"臑当",绑在头上。隆政看不过去,让手下给了他一顶头盔,竹崎礼貌地拒绝了。据说,在接下来的接舷战中,竹崎奋不顾身,割了两颗首级,见好就收,连忙回去向合田五郎和安达盛宗邀功了。[1]

就在竹崎季长洋洋得意地乘船东返时,"扫荡残敌"的真正主战场,鹰岛骷髅山的最后战斗,也已接近尾声。

根据于闾的控诉,范文虎丢弃在鹰岛的东征军,有"十余万",被日本军杀得只剩下二三万。郑思肖听到的版本是:岛上的军队有20万之多,"无船渡归,为倭人尽剿"。(《元鞑攻日本败北歌》)实际上,日本一方的记载,在数字上大概可靠一些:

> 贼之漂流抵鹰岛者数千人,无船可济。羸惫者居岸下,缮修坏船,得七八艘,将以还。(《八幡愚童记》)

岛上残存的东征军,大概有几千人。这些幸存者基本浑身带伤,有的已经只有出气而无进气,四肢完好的,也已断粮、断水多日,有没有力气站起来都成问题。于闾回忆,一片绝望之中,有个军衔较高、平时人缘不错的张百户——并非前面所写的百户张成——鼓起勇气站出来,号召大伙儿一边搜集武器,在滩头设置一些障碍工事,准备拼死一搏,一边在岛上"伐木作舟",修补受损战船,好赶紧离开这个鬼地方。在岛上众多的残军中,张百户被尊称为"张总管"。

对于这个"张总管",除了《日本传》这些记载,我们几乎一无所知。鲁迅先生说,中国历史上"一向就少有失败的英雄,少有

---

[1] 山口修:《蒙古袭来》,第210—218页。

韧性的反抗，少有敢单身鏖战的武人"。(《华盖集·这个与那个》)所以，我倒是很想把张总管刻画成一个"失败的英雄""孤胆的战士"。然而，历史毕竟不是好莱坞大片，要有主角光环，当个"失败的英雄"，条件实在太苛刻。就拿这位张总管来说，岛上来自五湖四海的众人之中，他这个小小百户，素无根基，生死时刻，不会有人愿意拼死守护他，所以，类似最后誓死追随项羽的那二十八名亲卫，他指望不上；他大概也没有号令千军万马的经验和气度，就算有，他麾下那些"千军万马"，不过是些风声鹤唳的残兵败卒。所以，真打起仗来，最先死的多半就是他。他一死，全岛残军就再没有了抵抗的勇气，反倒有了投降的借口，土崩瓦解，意料之中。

还有一个人，也和笔者最初的心理一样，不能免俗。那就是马可·波罗。

这个威尼斯人在《马可波罗行纪》中讲述，统帅东征军的两名"男爵"逃跑后，被抛弃在岛上的3万士兵"无法得脱，待死而已"。果然，"大岛之王"倾国来攻。"大岛军"登岸以后，没留一兵一卒看守船舶，都忙着深入围歼残敌去了。不料，狡猾的"鞑靼人"假装退走，实则绕道岸边，反夺了敌人的舰队，航行到大岛，打着"本岛君主旗帜"，以雷霆之势攻占了日本的都城。据说，他们攻入都城之后，占据一切险要位置，把老百姓都放出城，仅留美女。马可·波罗接着说：

> 大岛之王及其军队，见都城、舰队尽失，大痛，然犹登余舟，进至大岛沿岸。立集全军，近围都城。围之甚密，

无人可以出入。城内之众，守城七月，日夜谋以其事通知大汗，然交通既断，无法上闻也。

这群罗曼蒂克的孤胆英雄，在日本全军围攻下，还坚守了7个月，才体面而有尊严地放下武器，并且发誓"永不离去此岛"。（《马可波罗行纪》第159章）

这个"惊天大逆转"传说，在第二次征东战争结束后不久，大概在民间流传过一阵子，其中多少也流露出老百姓对东征不归的同胞的一点善意想象和祝福。现实当然与此完全相反。

八月七日，少式景资率领的日本九州军杀气腾腾，大举来袭。在张总管指挥下，东征军在鹰岛岸边的最后一战，大概不会那么轰轰烈烈，但一定十分残酷。一方还有点困兽犹斗的余勇，另一方则把对方看成等待收割的猎物。蒙古大汗打围，总喜欢把野兽都逼到一个狭小的猎圈中，看着它们簌簌发抖、哀号不已，从中取乐。（志费尼《世界征服者史》）如今，在以逸待劳的御家人眼中，元朝军队也成了猎圈中的猎物，未来军功状上的一连串数字和荣耀。

《八幡愚童记》说，鹰岛滩头的最后抵抗，结果是岛上残兵"杀溺更多，请降者千余人"。投降的东征军，凡是北方来的蒙古人、高丽人或汉人，统统在中河（那珂川）岸边斩首；南宋的新附军，被称为"唐人"，似乎得到了"优待"，免死为奴。

六、逝者与还者

"神风"席卷"异国贼船"的天大喜讯,八月(日本历闰七月)九日报至京都。京都的两位大臣各自在日记中,记录下了捷报带来的狂喜心情。"官务"壬生显衡的日记里写着:

> 异国贼船,去一日夜,逢大风,大略漂没,破损船济济,被打寄之由,镇西飞脚一昨日钦到来之间,上下大庆之由,讴歌者也,诚以不能左右也!《弘安四年日记抄·闰七月十一日》)

勘解由小路兼仲的日记里写着:

> 自宰府飞脚到来,去朔日大风动,彼贼船多漂没云云,诛杀并生虏千人……天下之大庆,何事可过之乎!(《勘仲记·闰七月十四日》)

为了庆贺大捷,龟山上皇和他的母亲大宫院、爱妃新阳明门院一同亲诣石清水八幡宫,举行盛大的还愿和放生法事。同时,朝廷下令,在西大寺,由长老思圆领着数百和尚,为本次战争中殉国的日方将士诵经超度三日三夜。

在东边的镰仓,"异国贼"袭来期间,无学祖元时常应邀,同"不见有喜怒之色,不见有矜夸炫耀气象"的北条时宗讲论禅理。此时，祖元和尚怜悯葬身异国他乡的江南儿郎，在新建立的圆觉寺中供奉了1000尊地藏王菩萨像，并遥遥祝颂云：

此军及他军，战死与溺水，万众无归魂，唯愿速救拔，皆将超苦海，法界了无差，怨亲悉平等。(《佛光国师语录》卷4《赞地藏菩萨普说》)

最后来算笔总账："神风"一卷，加上后续扫荡，一共死了多少人？最夸张的说法来自《元史·日本传》：除了逃归的于阗、莫青与吴万五，"十万之众，得还者三人耳"。其他记载，如《元史》的《世祖本纪》《阿塔海传》《相威传》，大都含含糊糊地说什么"十存一二""丧师十之七八""十丧六七"。

仔细来看，东征军各部的受灾情况是很不平均的。《泛海小录》说："大小船舰多为波浪揃触而碎，唯勾（高）丽船坚得全"。可见，原东路军，特别是高丽军的损失，应该不大。江南军中，大风破船后"漂泛来集"的散兵，也不在少数。王颋先生发现，甚至还有奇迹般建制完好无损的队伍——也速䚟儿万户（祖籍西域康里）"领江淮战船数百艘，东征日本，全军还"。(《程钜夫集》卷17《伯牙乌公神道碑》)当然，最幸运的当属还在行军途中，尚未出港，或者已经出海却未进入暴风区的队伍：蒙古将领囊加歹的"通事军马"，就是"未至而还"。另外一名蒙古将领，征东都元帅哈剌䚟，率部跋涉万水千山，"劲风积雪，草行露宿"，好容易穿过高丽，刚抵近日本国境，"飓风作，乃还"。(《危太

朴集》续集卷8《哈剌觯家传》)

一句话，损失显然没有想象中的恐怖。所以，研究者都把矛头对准了"得还者三人"的谬说。李则芬先生估算损失在60%上下，山口修和旗田巍认为要多一些，应该超过10万，约70%。然而，十几万东征军的究竟损失，毕竟没法得到一个可靠的数字。这些说法，只能聊备参考。

从20世纪70年代开始，在元日战争的古战场附近，一些文物由于种种偶然因素重见天日，逐渐引起了世人的关注。1974年，一个日本农民在鹰岛海滩上挖出一方铜印，上面镌刻着元朝的"国书"八思巴字，意为"官军总把印"。"折戟沉沙铁未销，自将磨洗认前朝"，这方铜印，会不会是张夫人在马马其的旗舰倾覆前，握在手中，宁死也不松开的那方官印呢？

从那以后，各类文物从鹰岛的海底陆续出土，其中就包括那块涂着"元年殿司修"字样的木片。从遗迹的分布状况看，台风确实给船只造成了巨大破坏，各种遗物（包括木板、大锅、铁镞、铁兜，还有骸骨）散落深海中，彼此间隔很远，年复一年，被淤泥层层掩埋。另外，考古学家在遗迹中还找出了钉孔密集而杂乱的船板、手工粗劣的桅座、七拼八凑的舱壁、简单接合的锚杆，等等。拿这些关键部件同泉州等地发现的宋元沉船相比，显示出东征军的舰船有不少是由业余工匠匆匆忙忙赶修下水的，极易破损。大军覆灭，既有"天灾"，也有"人祸"。[1]

---

[1] James P. Delgado: *Khubilai Khan's Lost Fleet: in Search of a Legendary Armada*, University of California Press, 2008, pp.145–151.

史无前例的东征大军，西方人多称之为忽必烈消失的"Armada"，这个词原本指16世纪晚期西班牙帝国烜赫一时的"无敌舰队"。焦黑的碎木板，挂满贝壳、海藻的瓷碗和陶罐，淤泥深处掩藏的锚杆和碇石，还有散落四处的骸骨碎片……这些就是那支巨大的舰队今天留下的全部痕迹，大都仍然长眠在无边无际的幽暗之中。近几年来，琉球大学的池田荣史主持的鹰岛神崎水下考古，经过多年探索，先后发现了两艘保存较为完整的东征军沉船。也许有朝一日，随着水下考古技术的进步，这支消失的"Armada"能够自海底重现，为我们诉说更多当年惊心动魄的故事。

终章　大元帝国的"奥古斯都门槛"

一、"大业"未竟

东征军的残部,大多撤回了合浦,然后经由高丽回到元朝境内。忻都、范文虎等人"未见敌,丧全师以还"的噩耗,走的大概是同一条道。《元史·相威传》只用了两个字描述1281年(至元十八年)八月二十九日,正在上都避暑的老皇帝听到消息时的反应——"震怒"。

征东诸将未奉明令就擅自撤军,涉嫌触犯"临阵先退""擅自领军回还"这类严重的军事刑法。(《至正条格·断例·擅兴》)在大都举行的中书省、枢密院和御史台三府联席听证会上,范文虎等人把责任一股脑儿都推到了几个直属统兵官身上:

> 至日本,欲攻太宰府,暴风破舟,犹欲议战。万户厉德彪、招讨王国佐、水手总管陆文政等不听节制,辄逃去。本省载余军至合浦,散遣还乡里。(《元史·日本传》)

不料，没过几天，"败卒于阗"侥幸逃归，哭诉"文虎等诸将各自择坚好船乘之，弃士卒十余万于山下"。真是赤裸裸地打脸。

遇到这种案件，按程序怎么处理？20年后的另一起军方大案可供参考。1300年（元大德四年）秋，朝廷下令云南行省的两个平章政事薛超兀儿、忙兀都鲁迷失率军进入缅国，武装干涉当地政变。不料，过了春节没两月，军队就灰溜溜回来了。行省上奏朝廷的报告是这么写的：臣等围攻叛军首都，"贼兵困屈，旦夕出降"，不料高参政、万户章吉察儿等人扬言"天热瘴发"，不能安营过夏。某日，行省官员正在开会，几个军官居然自己领兵拔营撤走了。省官一看，追也来不及了，只有跟着回来。这番解释，简直就是照搬了20年前范文虎等人的说辞，果然是师承有自。后来，朝廷专门从河南行省抽调了一队人马，查办此案，这才发现：云南行省自平章政事、左丞、参政，"下至一二大将校、幕官、令史皆受贼赂"，收了钱，故意纵敌，又怕暑热瘴气致死，找了个借口就撤了。最后，带头撤退的两名高官斩首，几名行省官员"追夺宣敕，永不叙用"，下属军官免职、决杖。

东征军失利在先，擅回在后，领导班子和各级军官都难辞其咎。可是，忽必烈既没打算彻查，给出的处分也比1300年的征缅大案轻太多。《元史·刘国杰传》说，忽必烈一怒之下，打算"尽罢大小将校"。刘国杰劝他说："罪在元帅耳！陛下倘若饶了他们，这些人必定感恩戴德，奋不顾身，一雪前耻。"结果，

"帝从之，尽复其官"。吴澄写的《刘忠宪公行状》也提到，这些败军之将，最后只是"输钱赎罪"，罚款了事，简直难以置信！

仔细想来，这个处分并没有那么不可思议：再去打日本，既需要钱，也需要这帮人。所以，就连"罪在元帅"这句话，也没真正落实过。1283年（至元二十年）和1285年（至元二十二年），忽必烈的"征日本行省"立而复废，废而复立，总是不甘心这么算了。他要重组的行省班子，主要成员还是阿塔海、忠烈王、洪茶丘，只有预定带兵出征的将领，换上了阇里帖木儿和刘国杰等人。

在孜孜不倦准备东征的同时，忽必烈派了王积翁、如智禅师二人继续去"招谕日本"。他们的下场，前面已经讲过。忠烈王也奉了老丈人的命令，写信劝说"日本国王"，不妨"遣一介之使，奉一尺之书，朝于大元，则无损于今，有益于后，诚贵国社稷之福也！"（《高丽史》卷30）这些活动，自然不会有什么结果，之前的研究者也谈得很多，这里不多讲。[1]

其实，更有意思的是，翻翻第二次征东战争结束后那几年的《世祖本纪》，不难看到，在纯粹军事层面，元朝确实对失败的各种原因，进行了认真的反思和总结，正如御史大夫相威的建议："前车已覆，后当改辙。"搜集一下这些零散记载，可归纳出以下几方面：

---

[1] 详情见池内宏：《元寇の新研究》，第377—435页；乌云高娃：《元朝与高丽关系研究》，第124—133页。

兵员素质的改善。至元二十年正月,元朝下令选拔"蒙古军习舟师者二千人、探马赤万人、习水战者五百人征日本";四月又选拔"军官习舟楫者"。为此,忽必烈钦点了"元帅张林、招讨张瑄、总管朱清"这几个人出征——朱清、张瑄二人是宋元之际东海有名的海盗头子。

武器的改进。至元二十年四月,征东行省入手一批崭新的"西域砲",连同造砲的工人,准备将来在日本大展拳脚。至元二十二年六月,军工技术部门又鼓捣出一种"征日本迎风船",看来对极端天气有恃无恐。

军纪以及后勤方面的改进。至元二十年四月,枢密院开会,"议征日本事宜"。会上敲定了未来战争的赏罚机制:"有功者,军前给凭验,候班师日改授"。至元二十二年冬,元朝规划从江淮地区调集百万石军粮,通过海运,储备在高丽合浦,预备征日本之用,等等。

总之是摩拳擦掌,蠢蠢欲动,搞得镰仓幕府也惴惴不安,设法通过各种途径刺探元朝的动静。比如,1282年(元至元十九年,日本弘安五年),幕府遣返了一个叫贾祐的江南军战俘。这个贾祐一回国就主动自首,说自己是"日本国焦元帅婿,知江南造船,遣其来候动静。军马压境,愿先降附。"(《元史·世祖本纪》)

然而,这些动听的战争前奏,好像天际黑色的雷雨云,一直轰隆隆响着,最终没有落下来半滴雨。原因何在?

二、天机与民意

潭州（今湖南省长沙市）人张康，是忽必烈暮年十分信任的几个术士之一。1283年（元至元二十年，日本弘安六年）正月的某个傍晚，他孤身一人站在紫檀殿外，听候秘密召见。

星占家和相士，赫然跻身元朝皇帝的内廷要员，是古代欧亚皇室的传统做派。后世以"名臣""贤相"闻名的中书令耶律楚材，起初也只是成吉思汗身边的一名术士。每次出征，他都得"预卜吉凶"。成吉思汗自己也按蒙古占卜法，"烧羊髀骨"，验证他占得好不好。这样一群人，就像中国天子身边的"画待诏""棋待诏"，可称为"卜待诏"或者"卦待诏"，忽必烈尤其喜欢。庙堂之上，是胡人和北人擅场。南人尽管饱受歧视，偶尔也可以凭借一技之长，从幕后影响现实政治。

现在，摆在"张神仙"面前的，就是这么一个宝贵的机会。《元史·方伎传》说：

> 帝欲征日本，命康以太一推之。康奏曰："南国甫定，民力未苏，且今年太一无算，举兵不利。"

太一术，也称太乙术，是一种军民两用的星占术。太乙星，一说是北极星，象征"天地之神"，可用来预测"风雨水旱，金革凶馑"等等。（《武经总要》后集卷18《占候》）张康先说民力未苏,再说天意未许,却是一种符合儒家哲学的讽谏方式——"天视自我民视,天听自我民听",老天可怜江南的老百姓,"天矜于民,民之所欲,天必从之"。(《尚书·泰誓上》)其实,那前半句话,忽必烈是最用不着他说的。只是,作为读圣贤书的传统士人,而不是北方游牧民族的萨满巫师,张先生坚守的那一点点情怀,就在这一句话中表露无遗。

这一套带了点"天人感应"残余色彩的讽谏,也不知道忽必烈能听懂几分。但是,频繁的对外侵略战争,给中原和江南地区带来了让人无法喘息的沉重负担。各地民众的不满情绪,也积累到了一个临界点。这个残酷的现实,由不得忽必烈转过脸去,装作没看见。

早在第二次征东战争惨淡收场的时候,党项人大将昂吉儿就给忽必烈上了一个直言不讳的条陈,说是最近几年和外国打仗,不但屡屡受挫,士气不振,而且"海内骚然",各地一听又要调发军队、征收粮草,"上下愁怨",这样哪里打得赢战争?请求"罢兵、息民"。忽必烈没听他的。不料,过了不到6年,江南形势就恶化得一发不可收拾。御史大夫玉昔帖木儿忧心忡忡,向忽必烈诉苦:"江南盗贼凡四百余处……"

御史中丞崔彧说得更明白:

> 江南盗贼相继而起,皆缘拘水手、造海船,民不聊生。日本之役,宜姑止之。(《元史·世祖本纪》)

当然，准备未来更加波澜壮阔的日本战争，只是原因之一。从1284年到1294年，短短10年间，忽必烈帝国就卷入了三次安南战争、一次占城战争、三次缅国战争、一次爪哇战争。雪上加霜的是，元朝的北方防线也差点崩溃。1283年，漠北蒙哥、阿里不哥一系蒙古宗王的叛乱才刚刚落幕，辽东的宗王乃颜又造反了。乃颜之乱还没平定，察合台、窝阔台系宗王海都和都哇，又趁机在西北侵吞元朝的地盘。

面临要么做汉武帝、要么可能得做秦始皇的艰难选择，老皇帝只好做出点让步。当然，"轮台罪己"这几个字，老皇帝的字典里是永远没有的。1286年（至元二十三年），忽必烈板着脸下诏说：

> 日本未尝相侵，今交趾犯边，宜置日本，专事交趾。
>
> （《元史·日本传》）

更让他恼火的是，吏部尚书刘宣从南方回来报告，令下之日，"江浙军民欢声如雷"。

忽必烈自然不是真的放过日本了。"宜置日本，专事交趾"，就是把日本先放一放，将来机会合适，还要接着打。不过，岁月不饶人，不论是叱咤风云的帝王将相，还是苟且度日的卑微小民，"老、病、死"，都是无法逃脱的宿命。

1294年（至元三十一年）正月二十二日夜，大都紫檀殿，病势沉重的忽必烈溘然长逝，享年80岁。就在他驾崩前5个月，竟然还派了两个人到高丽国,一人"管造船",一人"管军粮","将复征日本"。于是,这年年末,高丽忠烈王特意携着蒙古公主,亲自入朝参见。《高丽史》说,忠烈王赴元,就是"欲陈东征不便"。不过,这话有些不大好意思说出口,因为前不久,忠烈王还对着洪茶丘,拍胸脯开出了一张巨额的空头支票:小国既然和日本相邻,自然要"躬自致讨,以效微劳"。现在,这份纠结自然消失了。

"元朝丧制,非国人[1]不敢近"。但由于女婿这层关系,忠烈王领着公主在忽必烈的葬礼上忙前忙后,"出入无禁"。在"圣德神功文武皇帝"的殡殿里,忠烈王恭恭敬敬地为老岳丈的在天之灵献上了十头羊、一匹马作为祭品。(《高丽史》卷31)永远停止东征日本的事,他只得和新皇帝讨论了。

三、失败原因

最后,我们从宏观层面检讨一下,元朝征伐日本战争失败的原因和教训。镰仓日本也存在公家和武家的矛盾、恶党横行、御家人贫困化等种种问题,不过,我们还是把焦点对准忽必烈的元朝。

《孙子兵法》一开始,就讲到衡量战争胜负的"五事七情"。五事是"道、天、地、将、法",实际主要是两大方面:战争的合法性或正义性,军事实力以及充分发挥这种实力的客观条件。

---

[1] 此处"国人"指蒙古人。

先说后一方面。元朝军队的前身,蒙古帝国军,虽然横扫欧亚,战绩辉煌,可毕竟不是百战百胜的天兵天将。出使蒙古的南宋人徐霆说了:"彼亦是人,如何不怕死!"(《黑鞑事略》)蒙古帝国的军事机器要成功运转,必须有一套相应的机制和条件加以配合:(1)充分的战略情报和战术侦察,利用敌内部矛盾,极尽分化瓦解之能事。徐霆说,蒙古军打仗,哪怕是小分队,也"必先发精骑,四散而出,登高眺远,深哨一二百里间,掩捕居者、行者,以审左右前后之虚实"。(2)广阔绵长的战线,便于大军团侧翼迂回、纵深突破,也就是英国战史学家利德尔·哈特(B. H. Liddell Hart)对蒙古军赞不绝口的"间接路线战略"。(3)温和的气候条件和平坦的陆地,便于骑兵冲突机动。元朝军队出征东亚和南亚,因为无法克服恶劣的气候和地理条件,"蒙古军马亦不能施其技"(《元史·安南传》),就和传统中原王朝的军队处于同一起跑线上,表现平庸。(4)迅速吸收、转化被征服地域的先进军事技术、人力和物资资源,投入新的战争。正牌蒙古军人数不多,但收编了大量被征服民族的军队。新兴的元朝水军、震撼襄阳的西域砲、夹河两岸部署"马、步,翼以炮弩"的三面攻击法,等等,都是蒙古人吸收转化军事技术的典范。

前面的讲述表明,在两次东征日本的战争中,以上4个基本条件,一个都没发挥作用。

再来看"道"。狭义理解,道是民心向背("令民与上同意");广义理解,道是大义名分,是合法性(legitimacy)。萧启庆先生形容忽必烈"嗜利、黩武",他对邻近及海外诸国发动的一连串战争,不是巩固大一统所必需,而是"蒙古世界征服战争的延续"。[1]

忽必烈完成统一战争后,毫不顾及中国疮痍满目、亟待休养生息的现实,匆匆忙忙全力驱动中国社会超负荷运转,以满足少数人的野心和欲望。这种做法,即便在元朝内部,也不得人心。许衡、王磐、赵良弼等人劝阻在前,相威、昂吉儿、崔彧、刘宣、魏初、申屠致远等人谏止在后。他们的看法,可以代表很大一部分进入统治集团的知识精英的反对立场。太子真金(Jingim)因死得早,未能即位,他的儿子元成宗登基后,追封他为"裕宗"。翰林词臣撰写的《册文》列举了真金的三件主要"政绩",有"弭兵日本,广先皇柔远之仁"。(张伯淳《养蒙文集》卷1)可见,就连忽必烈一手培养的接班人也看不过去。遗憾的是《元史》对此一字不提。

忽必烈驱使各族百姓,供给军需,四出征战,其居心和手腕,好似北魏的太武帝拓跋焘。太武帝围攻南朝要塞时,写信给对方守将说:我派来攻城的敢死队(斗兵),都不是我大魏的鲜卑人,"城东北是丁零与胡,南是氐、羌",阁下请尽管杀。丁零人战死,等于少了点在常山、赵郡作乱的潜在贼徒,胡人战死,"减并州贼",氐人战死,"减关中贼",朕左右不亏。(《宋书》卷74《臧质传》)受忽必烈驱使充当炮灰的普通人民,自然也是

---

[1] 萧启庆:《元朝的统一与统合:以汉地、江南为中心》,《内北国而外中国:蒙元史研究》,第20页。

不甘和愤怒的。郑思肖就痛斥忽必烈的征日工程是：

> 已刳江南民髓干，又行并户抽丁语。凶焰烧眼口竟哑，志士闷闷病如蛊。(《元鞑攻日本败北歌》)

他还在《元贼谋取日本二绝·其二》中形容第二次出征日本的新附军"此番去者皆衔怨"。这些话虽然出自与蒙古统治者势不两立的南宋遗民之口，大体还是实情。

中国古代的先贤历来坚持，战争的合法性必然决定战争的胜负。这种看法虽然有些迂阔，有时也其应如响。西汉的魏相有"五兵"论：

> 救乱诛暴，谓之义兵，兵义者王。敌加于己，不得已而起者，谓之应兵，兵应者胜。争恨小故，不忍愤怒者，谓之忿兵，兵忿者败。利人土地货宝者，谓之贪兵，兵贪者破。恃国家之大，矜民人之众，欲见威于敌者，谓之骄兵，兵骄者灭。(《汉书·魏相传》)

忽必烈两次东征日本，从道义上说，既是"忿兵""贪兵"，也是"骄兵"，早就被传统战争哲学判了"死刑"。

我们再想想他手下一干将帅龃龉猜忌、互相掣肘，还有那一败而馁、远遁千里的糜烂军纪，只好说，忽必烈的征日战争，在"道、天、地、将、法"五项上，分数全都不及格，就算没有"神风"，他的赢面又有多大？

四、"以秦灭秦"

当然了,即便如此,还是会有人像当年的留日学生一样,觉得"那时倘非天幸,这岛国早被我们灭掉了"(鲁迅《坟·说胡须》)。这个观念的背后,其实是一种比乍看上去要深刻得多的民族心结。

因为,中国,这个在亚欧大陆的东方成长起来的、具有相对连续性的政治—文化共同体,历史上有许多足以傲人之处,近代以前却一直承受着地缘政治带来的某种"诅咒":在中华帝国的北方,在农耕地带的边缘,自秦汉时代的匈奴开始,总有一个来自内陆草原的强敌徘徊窥视,迫使它投入大量的经济和军事实力,而极少想到去经营东面的大洋。突厥之于唐,契丹、女真之于宋,蒙古之于明代,准噶尔和沙俄之于清,都是如此。所以王柯先生才说,中华文明是一个大陆文明,"历代王朝能够在西北建造起雄伟蜿蜒的'万里长城',却从没有一个王朝想要到东南去建设一支海军力量"。[1]

其实,忽必烈时期的元朝,恐怕是唯一的例外,也是唯一真正试图把军事力量投射到今天常说的西太平洋"第一岛链"以外的中国王朝。虽然忽必烈是个蒙古人,而且他经营"第一岛链",不过是零敲碎打、毫无章法、破绽百出,最终也没有什

---

[1] 王柯:《民族主义与近代中日关系》,香港中文大学出版社,2015年,第352页。

么成绩，毕竟算是一个转瞬即逝的历史契机。

最后，就元朝政权自身的发展而言，忽必烈长达20多年的穷兵黩武，真可谓"奋六世之余烈，振长策而御宇内""执敲扑而鞭笞天下，威振四海"，诚然快意，毕竟缺乏宏远之规摹，耽误了元朝最关键的"门槛"跨越期。

自从迈克尔·曼（Michael Mann）在《社会权力的来源》中提出4种权力来源（经济权力、意识形态权力、军事权力和政治权力）以来，许多政治学家和历史学家用这组概念来研究"帝国"的实力建构。赫尔弗里德·明克勒（Herfried Münkler）就说，在帝国的扩张时期，主要依靠军事优势和经济优势，但到了巩固阶段，就要更多加强政治和意识形态实力。这个转折又称为"奥古斯都门槛"，因为奥古斯都（可算第一位罗马皇帝）在遗嘱中禁止再搞军事扩张。跨越奥古斯都门槛，就是逐渐消融中心和边缘（例如腹里[1]和江南）之间的政治和经济差距，逐步取消征服者的法律特权，多借助政治制度和意识形态建设，降低统治的成本，最大限度延长帝国有序和繁盛的周期。[2]

大元帝国的这个关键转折，本该发生在至元十三年到至元三十年间，也就是忽必烈统治的后半期。忽必烈两次征日失败，

---

[1] 元朝的"腹里"指包括今山东、山西、河北及内蒙古中部等地区在内的中书省直辖区。
[2] 明克勒著，阎振江、孟翰译：《帝国统治世界的逻辑——从古罗马到美国》，中央编译出版社，2008年，第63—77页。

早就在提醒他，元朝在各方面已经达到了军事扩张的极限。

跨越奥古斯都门槛，有点类似萧启庆先生说的从"统一"到"统合"（national integration），但是含义更宽泛，也更注重动态过程。萧先生认为，元朝虽然实现了统一，在意识形态、族群政治参与、民族融合和阶级鸿沟等方面"统合"失败。[1]其实，也等于说，大元帝国摔在了奥古斯都门槛之前。

布热津斯基认为，一个成功的帝国，需要在政治上有生命力，意识形态有灵活性和吸引力，掌握远距离投射军事实力的能力和上游关键技术，控制贸易网络，等等。[2]这是顺利跨越了奥古斯都门槛的帝国。但是，这个图景离元朝非常遥远，历史也无法推倒重来。

拉杂了一大堆枯燥的西方理论。其实，对于忽必烈发动的两次征伐日本战争，郑思肖还有一个更加简明而犀利的评价，出自他的《元贼谋取日本二绝·其二》：

> 海外东夷数万程，无仇于鞑亦生嗔。
> 此番去者皆衔怨，试看他时秦灭秦。

"秦灭秦"是什么意思呢？说日本是"秦"，有双关意：一是

---

[1] 萧启庆：《元朝的统一与统合：以汉地、江南为中心》，第18—37页。
[2] 布热津斯基：《大棋局：美国的首要地位及其地缘战略》，上海人民出版社，2015年，第3—21页。

相传日本人是秦始皇派出求仙的方士徐福的后裔,也算"秦人";二是在郑思肖看来,"东夷"素来"蛮顽",和"胡元"属于一丘之貉,都仿佛传统历史的大反派——"暴秦"。元朝同日本的战争,甭管谁赢,不过是一个"秦国"去灭了另一个"秦国"。

不要小看了这句"秦灭秦",它包含了非常生动的儒家政治哲理。

公元前314年,燕国发生内乱。邻国的齐宣王想趁火打劫,兼并燕国。据说,齐国有个叫沈同的大臣,私底下请教孟子:"燕国可伐吗?"孟子答得很干脆:"可以,燕国君臣无道,当然可伐。"齐国果然出兵攻打燕国,"杀其父兄,系累其子弟,毁其宗庙,迁其重器"。燕国百姓恨透了齐国,齐兵刚打下来的城池,又举起了叛旗,其他诸侯也对齐国虎视眈眈。

于是有人质问孟子:"不是你劝说齐国伐燕的吗?现在怎么搞到了这个地步!"

孟老夫子一拍大腿:哪有此事!沈老弟问的明明是"燕国可伐吗?"我说可以,他转身就去召集军队了。哪怕他再耐心多问一句:谁有资格伐燕?("孰可以伐之")我就会说,只有行仁政、诛无道的"天吏",才有资格伐燕。好比有个杀人犯,如果别人问我:这犯人该杀吗?我当然只能回答:该杀!如果他接着问:"孰可以杀之?"我会告诉他:只有执法人员"士师"才有资格杀这人。如今齐国和燕国一样无道,还敢去打燕国,岂不等于"以燕伐燕"?我怎么会赞同呢?(《孟子·公孙丑下》)

忽必烈征伐日本,难道不是"以秦灭秦""以燕伐燕"吗?

本书大事年表

1260 年　元中统元年　　日本文应元年

三月　　　　　　　　元世祖忽必烈即位开平,北上与阿里不哥争夺汗位。

四月　　　　　　　　高丽元宗即位。

1262 年　元中统三年　　日本弘长二年

二月　　　　　　　　山东军阀李璮叛降南宋,旋即败亡。

1264 年　元至元元年　　日本文永元年

七月　　　　　　　　阿里不哥归降忽必烈。

1266 年　元至元三年　　日本文永三年

十一月　　　　　　　招谕日本使节黑的、殷弘抵达高丽。

1267年　元至元四年　　日本文永四年

一月　　　　　　　黑的使团畏惧"大洋万里，风涛蹴天"，自巨济岛北返。

八月　　　　　　　招谕日本使节黑的、殷弘再至高丽。

九月　　　　　　　潘阜携忽必烈诏书赴日。

1268年　元至元五年　　日本文永五年

七月　　　　　　　潘阜自日本返回高丽。

十一月　　　　　　招谕日本使节黑的、殷弘三赴高丽，由申思佺伴送赴日。

1269年　元至元六年　　日本文永六年

三月　　　　　　　招谕日本使节黑的、殷弘至日本对马岛，掳岛民二人而还。

六月　　　　　　　高丽权臣林衍废黜元宗，立安庆公王淐。

十一月　　　　　　元宗在元朝支持下复位。

1270年　元至元七年　　日本文永七年

二月　　　　　　　元宗朝觐忽必烈于燕京。

六月　　　　　　　三别抄在江华岛发动叛乱。

十二月　　　　　　信使赵良弼奉命出使日本。

1271 年　元至元八年　　日本文永八年

九月　　　　　　　　赵良弼使团在日本筑前国今津上陆。

十月　　　　　　　　幕府流放日莲于佐渡岛。

十一月　　　　　　　忽必烈改国号为"大元"。

1272 年　元至元九年　　日本文永九年

一月　　　　　　　　赵良弼使团自日本返回高丽。

　　　　　　　　　　张铎引日本弥四郎等人入觐忽必烈。

二月　　　　　　　　镰仓幕府设置"异国警固番役"。

　　　　　　　　　　北条时宗借"二月骚动"诛杀异己。

十二月　　　　　　　赵良弼再次东渡日本。

1273 年　元至元十年　　日本文永十年

六月　　　　　　　　赵良弼谒见忽必烈，面陈日本不可征。

1274 年　元至元十一年　日本文永十一年

三月　　　　　　　　忽必烈下令忻都、洪茶丘率军征日本。

四月　　　　　　　　日莲以"国难"警告幕府。

六月　　　　　　　　高丽元宗去世。

八月　　　　　　　　高丽忠烈王即位。

九月　　　　　　　　伯颜率元朝大军南下进攻南宋。

十月三日　　　　　　东征军在高丽合浦登船启程。

十月五日　　　　　　东征军占领对马岛。

十月十四日	东征军占领壹岐岛。
十月十九日	东征军分队登陆今津后滨。
十月二十日	东征军主力登陆博多、箱崎等地，苦战终日，夜间撤退。
十一月	东征军残部返回高丽合浦。

1275年　元至元十二年　日本建治元年

二月	"宣谕日本使团"杜世忠等人启程赴日。
九月	镰仓幕府将杜世忠一行押赴龙口斩首。
十月	肥后国御家人竹崎季长至镰仓申诉军功。
十二月	镰仓幕府宣布"异国征伐"计划。

1276年　元至元十三年　日本建治二年

一月	南宋首都临安降元。
三月	镰仓幕府开始在博多湾修筑"元寇防垒"。

1277年　元至元十四年　日本建治三年

十二月	金方庆被诬谋反，累遭刑讯。

1279年　元至元十六年　日本弘安二年

二月	元朝在崖山之战中消灭南宋残余势力。

	忽必烈下令江南四省造船600艘征日本。
六月	范文虎来使周福等人抵达对马。
八月	无学祖元应北条时宗之邀抵达镰仓。

1280年　元至元十七年　日本弘安三年

八月	在"八二六"上都会议上，忽必烈与忠烈王、忻都、洪茶丘、范文虎等议定战争计划。

1281年　元至元十八年　日本弘安四年

五月三日	东路军在高丽合浦登船启程。
五月二十一日	东路军攻占对马岛。
五月二十六日	东路军攻占壹岐岛。
六月六日	东路军抢登志贺岛，与日本军展开连日苦战。
六月十三日	东路军撤退鹰岛。
六月十四日	长门被袭的消息传入平安京。
六月十八日	江南军自庆元港等处陆续启程。
六月二十四日	江南军先锋抵达壹岐岛。
六月二十九日	江南军先锋与东路军分队与日本军战于壹岐岛。 江南军、东路军会师平户岛。

七月初	东征军南移至五岛列岛整顿。
七月二十七日	东征军再度前出至鹰岛附近,准备进攻太宰府。
八月(日本历闰七月)	
八月一日	超级台风席卷东征军舰队。
八月五日	东征军残部撤退。九州日本军在御厨千崎海面扫荡残敌。
八月七日	东征军鹰岛"张总管"残部被消灭。
八月九日	东征军覆灭消息抵达平安京。
八月二十九日	东征军覆灭消息抵达元上都。

1282年 元至元十九年 日本弘安五年

十月	日莲入寂。

1283年 元至元二十年 日本弘安六年

一月	忽必烈下诏复立征东行省。
五月	忽必烈下诏暂停征日本准备。
九月	元朝入侵缅国。
十月	福建发生黄华之乱,叛军有众十万。

1284年 元至元二十一年 日本弘安七年

正月	王积翁、僧人如智出使日本。
三月	元朝出兵安南、占城。

四月　　　　　　　　北条时宗逝世。

1285 年　元至元二十二年　日本弘安八年
十月　　　　　　　　忽必烈第三次组建征东行省。

1286 年　元至元二十三年　日本弘安九年
九月　　　　　　　　无学祖元入寂。
十月　　　　　　　　元朝再次出兵缅国。

1287 年　元至元二十四年　日本弘安十年
正月　　　　　　　　元朝再次出兵安南。
四月　　　　　　　　东北蒙古宗王乃颜反叛。

1288 年　元至元二十五年　日本正应元年
一月　　　　　　　　蒙古宗王海都犯边，乃颜余党合丹响应。

1293 年　元至元三十年　日本永仁元年
十月　　　　　　　　高丽忠烈王入朝忽必烈，"欲陈东征不便"。

1294 年　元至元三十一年　日本永仁二年
一月　　　　　　　　元世祖忽必烈驾崩。

1299年　元成宗大德三年　　　日本正安元年

三月　　　　　　　　元成宗铁穆耳遣僧人一山一宁宣谕日本。

参考文献

基础史料

郑麟趾等:《高丽史》,西南师范大学出版社,2014年。

宋濂等:《元史》,中华书局,1976年。

道森编:《出使蒙古记》,吕浦译,中国社会科学出版社,1982年。

彭大雅,徐霆:《黑鞑事略》,王国维遗书本,上海书店出版社,1983年。

危素:《危太朴集》,《元人文集珍本丛刊》第7册,新文丰出版公司,1985年。

拉施特编:《史集》(第3卷),余大钧,周建奇译,商务印书馆,1986年。

苏天爵辑:《元朝名臣事略》,姚景安点校,中华书局,1996年。

苏天爵:《滋溪文稿》,中华书局,1997年。

《元代奏议集录》,陈得芝等辑点,浙江古籍出版社,1998年。

志费尼:《世界征服者史》,何高济译,翁独健校订,江苏教育出版社,2005 年。

马可·波罗:《马可波罗行纪》,冯承钧译,上海书店出版社,2006 年。

Rachewiltz, Igor de, *The Secret History of the Mongols: a Mongolian Epic Chronicle of the Thirteenth Century*, 2vols, Boston: Brill, 2006.

刘敏中:《刘敏中集》,邓瑞全、谢辉点校,吉林文史出版社,2008 年。

胡祗遹:《胡祗遹集》,魏崇武、周思成点校,吉林文史出版社,2008 年。

《元典章》,陈高华等点校,中华书局、天津古籍出版社,2011 年。

王恽:《王恽全集汇校》,杨亮、钟彦飞点校,中华书局,2013 年。

王金林编:《日本历史基本史料集》第一卷,人民出版社,2017 年。

蒙元史论著

多桑:《多桑蒙古史》,冯承钧译,中华书局,1962 年。

王德毅主编:《元人传记资料索引》,新文丰出版公司,1979 年—1982 年。

白寿彝总主编,陈得芝主编:《中国通史》第 8 卷,上海人民出版社，1997年。

张帆：《元朝的特性——蒙元史若干问题的思考》，《学术思想评论》第1辑，辽宁大学出版社，1997年。

傅海波、崔瑞德编：《剑桥中国辽西夏金元史》，史卫民、刘晓等译，中国社会科学出版社，1998年。

李治安：《忽必烈传》，人民出版社，2004年。

杉山正明：《モンゴル帝国と大元ウルス》，京都大学学術出版会，2004年。

萧启庆：《内北国而外中国：蒙元史研究》，中华书局，2007年。

莫里斯·罗沙比：《忽必烈和他的世界帝国》，赵清治译，重庆出版社，2008年。

陈高华、史卫民：《元代大都上都研究》，中国人民大学出版社，2010年。

姚大力：《蒙元制度与政治文化》，北京大学出版社，2011年。

巴菲尔德：《危险的边疆：游牧帝国与中国》，袁剑译，江苏人民出版社，2011年。

蒙元军事史

H. Desmond Martin: The Mongol Army, *Journal of the Royal Asiatic Society of Great Britain and Ireland*, No.1 (Apr, 1943).

Hsiao Ch'i-ch'ing: *The Military Establishment of the Yuan Dynasty*, Cambridge: Harvard University Press, 1978.

大葉昇一：《モンゴル帝国＝元朝の軍隊組織——とくに指

揮系統と編成方式について》,《史学杂志》95编7号,1986年。

李天鸣:《宋元战史》,食货出版社,1988年。

史卫民:《中国军事通史》第14卷《元代军事史》,军事科学出版社,1998年。

Timothy May: *The Mongol Art of War*, Yardley, PA: Westholme Publishing, 2007.

刘晓:《宋元时代的通事与通事军》,《民族研究》2008年第3期。

周思成:《蒙元初期"汉人无统蒙古军"之制发微》,《民族研究》2014年第4期。

周思成:《元代军律中的"临阵先退者处死"刍议》,《军事历史》2015年第2期。

周思成:《大汗的占卜师:蒙古帝国征服战争中的军事数术零拾》,《国际汉学研究通讯》第12期,北京大学出版社,2016年。

周思成:《平宋战争中伯颜军前行省的参谋组织与人员》,《暨南史学》第13辑,广西师范大学出版社,2017年。

周思成:《〈马可波罗行纪〉剌木学本"乃颜之乱"章所载"步骑相资法"新证》,《国际汉学研究通讯》第13—14期,北京大学出版社,2017年。

"蒙古袭来"研究

大桥顺:《元寇纪略》,1856年。

山田安荣:《伏敌篇》,1891年。

竹内栄喜:《元寇の研究》,雄山閣,1931年。

池内宏:《元寇の新研究》,東洋文庫,1931年。

相田二郎:《蒙古襲来の研究》,吉川弘文館,1958年。

山口修:《元寇の研究——合戦篇》,《東洋学報:東洋文庫和文紀要》43(4),1961年。

旗田巍:《元寇——蒙古帝国の内部事情》,中央公論社,1965年。

黒田俊雄:《蒙古襲来》(日本の歴史8),中央公論社,1965年。

網野善彦:《蒙古襲来》(日本の歴史10),小学館,1974年。

川添昭二:《蒙古襲来研究史論》,雄山閣出版,1977年。

山口修:《蒙古襲来》,桃源社,1979年。

網野善彦:《蒙古襲来》,小学館,1992年。

太田弘毅:《蒙古襲来:その軍事史的研究》,錦正社,1997年。

関幸彦:《神風の武士像——蒙古合戦の真実》,吉川弘文館,2001年。

村井章介《北条時宗と蒙古襲来》,日本放送出版協会,2001年。

尾崎綱賀:《北条時宗と日蓮・蒙古襲来:末世・亂世・大難を生きる》,世界書院,2001年。

新井孝重:《蒙古襲来》,吉川弘文館,2007年。

森平雅彦:《モンゴル帝国の覇権と朝鮮半島》,山川出版社，2011年。

服部英雄：《蒙古襲來》，山川出版社，2014年。

北岡正敏：《蒙古襲来の真実：蒙古軍はなぜ壊滅したのか》，ブイツーソリューション，2017年。

王启宗：《元世祖诏谕日本始末》，《大陆杂志》32卷5期，1966年。

王启宗：《元军第一次征日本考》，《大陆杂志》32卷7期，1966年。

王启宗：《元军第二次征日前夕情势的分析》，《大陆杂志》34卷10期，1967年。

王启宗：《元军第二次征日考》，《大陆杂志》35卷4期，1967年。

李则芬：《元史新讲》(二)，黎明文化事业股份有限公司，1989年。

王颋：《忽必烈汗远征日本史事补正》，《历史文献与传统文化》第9集，江西教育出版社，2002年。

乌云高娃：《元朝与高丽关系研究》，兰州大学出版社，2012年。

于磊：《〈元史·日本传〉会注》，《元史及民族与边疆研究集刊》第31辑，2016年。

James P. Delgado: *Khubilai Khan's Lost Fleet: in Search of a Legendary Armada*, University of California Press, 2008.

Stephen Turnbull: *The Mongol Invasions of Japan 1274 and*

1281 (Campaign 217), Osprey Publishing, 2010.

其他

王仪:《蒙古元与王氏高丽及日本的关系》,台湾商务印书馆,1973年。

川添昭二:《日蓮とその時代》,山喜房佛書林,1999年。

沈卫荣:《西夏、蒙元时代的大黑天神崇拜与黑水城文献:以汉译龙树圣师造〈吉祥大黑八足赞〉为中心》,《贤者新宴》第5辑,上海古籍出版社,2007年。

中西立太:《日本甲胄史》,大日本绘画,2008年。

郑梁生:《日本中世史》,三民书局,2009年。

江静:《赴日宋僧无学祖元研究》,商务印书馆,2011年。

王金林:《日本中世史》,昆仑出版社,2013年。

井上义澄:《佛教改革家日莲》,贵州大学出版社,2014年。

木宫泰彦:《中日交通史》,陈捷译,山西人民出版社,2015年。

图书在版编目（CIP）数据

大汗之怒：元朝征伐日本小史 / 周思成著. -- 太原：山西人民出版社, 2019.3
ISBN 978-7-203-10722-4

Ⅰ.①大… Ⅱ.①周… Ⅲ.①中日关系—战争史—研究—元代 Ⅳ.① E294.7 ② E313.9

中国版本图书馆 CIP 数据核字（2019）第 026430 号

大汗之怒：元朝征伐日本小史

著　　者	周思成
责任编辑	王新斐
复　　审	贾　娟
终　　审	李广洁
选题策划	北京汉唐阳光
出 版 者	山西出版传媒集团·山西人民出版社
地　　址	太原市建设南路 21 号
邮　　编	030012
发行营销	010-62142290
	0351-4922220　4955996　4956039
	0351-4922127（传真）　4956038（邮购）
E-mail	sxskcb@163.com（发行部）
	sxskcb@163.com（总编室）
网　　址	www.sxskcb.com
经 销 者	山西出版传媒集团·山西新华书店集团有限公司
承 印 厂	鸿博昊天科技有限公司
开　　本	880mm×1230mm　1/32
印　　张	8
字　　数	200 千字
版　　次	2019 年 3 月　第 1 版
印　　次	2023 年 1 月　第 3 次印刷
书　　号	ISBN 978-7-203-10722-4
定　　价	48.00 元

如有印装质量问题请与本社联系调换